Judo – Alles, was man wissen muss

MARTIN ZACKOR

JUDO

★ ★ ALLES, WAS MAN WISSEN MUSS ★ ★

REGELN
HINTERGRÜNDE
JUDOKA
★ ★ ★

MEYER & MEYER VERLAG

Judo – Alles, was man wissen muss

Bibliografische Information der Deutschen Bibliothek
Die Deutsche Bibliothek verzeichnet diese Publikation in der Deutschen Nationalbibliografie; detaillierte bibliografische Details sind im Internet über <https://www.dnb.de> abrufbar.

Auckland, Beirut, Dubai, Hägendorf, Hongkong, Indianapolis, Kairo, Kapstadt, Manila, Maidenhead, Neu-Delhi, Singapur, Sydney, Teheran, Wien
Member of the World Sport Publishers' Association (WSPA)
Druck: Bookwire PoD
ISBN 978-3-8403-7897-3
E-Mail: verlag@m-m-sports.com
www.dersportverlag.de

INHALT

VORWORT

Anime, Disziplin, Erdbeben, Fujisan, Hiroshima, Höflichkeit, Karaoke, Samurai, Sumo, Sushi, Hightech, Tee, Tokyo... und eben auch Judo fallen den meisten spontan als Stichwörter ein, wenn sie nach Assoziationen mit Japan gefragt werden.

Judo ist eine moderne japanische Kampfsportart, die *Jigoro Kano* Ende des 19. Jahrhunderts aus dem Ju-Jutsu entwickelte. Die Übersetzung des Wortes Judo lautet „sanfter Weg" – treffender ist jedoch die weitere Bedeutung von „ju" als „flexibel" und „do" als „Methode". Denn zum einen ist der Kampfsport – gerade im Wettkampf – auf keinen Fall sanft. Zum anderen hat diese Sportart das Ziel, dass man den Gegner im Stand durch Wurftechniken aus dem Gleichgewicht bringt und dabei idealerweise mehr auf Technik und weniger auf Kraft setzt. Am Boden kann man den Kampf gegebenenfalls fortsetzen, um den Gegner mit Kontroll-, Armhebel- und Würgetechniken zur Aufgabe zu zwingen.

Heutzutage ist das „klassische" (Kodokan-)Judo eine der am weitesten verbreiteten Kampfsportarten der Welt und wird in Schulen, Vereinen sowie auf nationalen und internationalen Wettbewerben ausgeübt. Die International Judo Federation (IJF) schätzt, dass es mehr als 20 Millionen aktive Judoka in ungefähr 200 Ländern gibt. Im Deutschen Judo-Bund (DJB) sind aktuell ungefähr 125.000 Judoka aktiv – seit dem Ende der Covid-19-Pandemie steigt die Mitgliederanzahl erfreulicherweise wieder an.

Judo ist eine sehr vielfältige Sportart, die – je nach Interessenschwerpunkt – sowohl Kleinkinder als auch Senioren ausüben können. Während Kleinkinder spielerisch an den Kampfsport herangeführt werden und Senioren sich zum Beispiel mit Taiso fit halten, können sich ambitionierte Judoka in Wettkämpfen messen. Daneben kann man den Ausbildungsfortschritt (auch) an der Gürtelfarbe der Judoka erkennen. Schließlich dienen Formen-Demonstrationen (Kata) der Perfektionierung und Weitergabe von Techniken, die nicht im regulären Training verwendet werden, wie zum Beispiel Schlag- und Tritttechniken. Judo geht aber weit über die sportlichen Aspekte eines umfassenden Trainings des gesamten Körpers hinaus und dient auch der Persönlichkeitsbildung: Neben der Fitness (insbesondere Kraft, Ausdauer, Koordination und Schnelligkeit) fördert Judo ebenso Selbstbewusstsein, Respekt und Selbstdisziplin.

Dieses Buch soll einen Überblick über diese faszinierende Sportart geben und richtet sich zum einen an Interessierte, die vielleicht die Olympischen Spiele zum Anlass nehmen, sich genauer mit Judo auseinanderzusetzen. Dies können sowohl Eltern sein, die für ihre Kinder eine geeignete Sportart suchen, als auch Sportler, die mit einer Kampfsportart beginnen möchten. Schließlich richtet es sich auch an aktive Judoka, die eine Informationsquelle abseits der klassischen Fachliteratur, die sich auf das Vermitteln von Techniken konzentriert, suchen.

Im Vergleich zu anderen Sportarten, wie zum Beispiel Fußball oder Tennis, ist Judo in den Medien nicht so präsent. Zuschauer bei Judo-Turnieren sind typischerweise Personen, die selbst einmal Judoka waren oder noch immer sind – jedenfalls einen engeren Bezug zu diesem Sport haben. Ausnahmen sind sportliche Großereignisse wie die bevorstehenden Olympischen Spiele in Paris. Daneben nimmt man Judo in der Öffentlichkeit auch zum Beispiel durch Motive auf Briefmarken oder Gedenkmünzen, in Spielfilmen oder Romanen wahr; andere Sportarten scheinen hier jedoch populärer zu sein. Wer aber erst einmal den Zugang zu dieser facettenreichen Sportart gefunden hat, wird entdecken, dass man anhand der eigenen Ambitionen individuelle Schwerpunkte im Training setzen kann und sein ganzes Leben Judo betreiben und weit über die rein körperliche Fitness davon profitieren kann. Auch dazu soll dieses Buch dienen.

Hinweis zur Schreibweise: In der japanischen Sprache wird bei Personen zuerst der Nach- und dann der Vorname geschrieben; dieses Buch verwendet aber die in Deutschland übliche Reihenfolge (Vor- und Nachname; die Kanji (Schriftzeichen) sind in „japanischer" Reihenfolge dargestellt). Dagegen ist die japanische Schreibweise von Singular und Plural identisch, die hier übernommen wird.

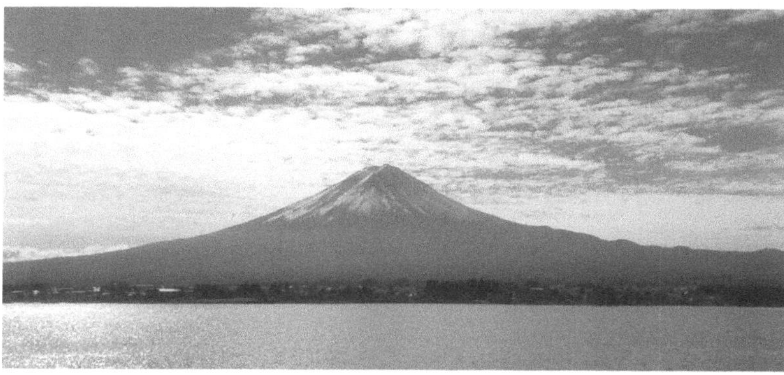

Abbildung 1: Fujisan und Kawaguchi-ko

★ KAPITEL A ★

GESCHICHTLICHE ENTWICKLUNG DES JUDO

I. HISTORISCHE WURZELN: BUDO

Zwar entwickelte der Japaner *Jigoro Kano* (嘉納 治五郎, 1860 bis 1938) als Student Judo gegen Ende des 19. Jahrhunderts als moderne Sportart aus alten Ju-Jutsu-Techniken. Die Ursprünge des Judo gehen allerdings sehr viel weiter zurück und liegen in verschiedenen japanischen Kampfkünsten.

Über Jahrhunderte hatten sich in Japan unterschiedliche Kampfkünste entwickelt. Unter diesen bezeichnete Ju-Jutsu („sanfte Kunst", 柔術) oder Yawara (柔) das Kämpfen ohne (oder nur mit leichten) Waffen. Der Begriff „Judo" wurde wohl erstmals ab dem 18. Jahrhundert in einer Ju-Jutsu-Schule verwendet, er hatte also nur wenig mit der heutigen Kampfsportart zu tun.

Der (spätere) Oberbegriff der japanischen Kampfkünste ist Budo (武道). **Budo** („Weg des Krieges", zusammengesetzt aus den Kanji „bu" (Krieg, Militär, 武) und „do" (Weg, Prinzip, 道)) umfasst neben Judo verschiedene weitere japanische Kampfkünste, unter anderem Ju-Jutsu, Aikido (合気道), Iaido (居合道), Karate (空手), Kendo (剣道), Kyudo (弓道)

und Sumo (相撲). Im Gegensatz zum engeren Begriff des Bujutsu (Kampfkünste) versteht man unter Budo nicht nur die Techniken, sondern auch die Philosophie beziehungsweise Lebensentwicklung durch das Studium dieser Kampfkünste im Sinne einer permanenten Suche nach Perfektion. Der heutige Wettkampfaspekt existierte damals nicht. Der Begriff des Budo geht zurück ins 16. Jahrhundert und meinte damals nicht die Kampfkünste im engeren Sinn, sondern vielmehr den Lebensstil der Samurai (Krieger beziehungsweise wörtlich „Diener", 侍). Teilweise differenziert man danach, ob militärische Aspekte im Vordergrund stehen (Bujutsu, 武術) oder das Üben der Techniken und die Persönlichkeitsentwicklung als Zivilist (Budo). Das moderne Verständnis des Budo entstand erst ab der Meiji-Ära (明治時代, 1868 bis 1912); insbesondere in der Gegenwart liegt der Schwerpunkt meistens auf der Ausübung einer Sportart und weniger auf einer Lebensweise.

Die Ausbildung in Kampfkünsten lässt sich bis ins 11. Jahrhundert zurückverfolgen, Schulen für Bujutsu entstanden gegen Ende des 15. Jahrhunderts und spezialisierten sich unter anderem auf Bogenschießen, Reiten, Schwertkampf oder Nahkampf (ohne Waffen). Neben dem (körperlichen) Technik-Training hatten auch Shinto („Weg der Götter", 神道) und Buddhismus (Bukkyo, 仏教) insbesondere auf die Entwicklung des Geistes Einfluss. Ferner galt es vielen Schulen als Ideal, Gegner nicht im Kampf zu besiegen, sondern diese ohne Kampfhandlungen zu unterwerfen. Außerdem bestand der Trainingsinhalt nicht nur darin, Gegner zu töten, sondern auch verletzten Menschen zu helfen, sie zu heilen oder wiederzubeleben.[1]

Während der Tokugawa-Ära (Tokugawa bafuku, 徳川幕府, 1603 bis 1868) entstanden Hunderte von neuen Schulen. Aufgrund der friedlichen Zeit Ende des 17. Jahrhunderts in Japan ebbte der Bedarf an militärischer Ausbildung ab. Gesellschaftlicher Wohlstand durch Handel und ein größeres Interesse an Kunst spielten im Alltag eine größere Rolle. Damit nahm ebenfalls die Bedeutung von Kata in den Kampfkunstschulen

1 Zu Kappo siehe Kapitel M.

zu. Als Mitte des 19. Jahrhunderts Aufstände von Bauern zunahmen und ausländische Schiffe Japans Selbstisolierung infrage stellten, erlebten die Kampfkunstschulen eine Renaissance. Dies führte auch zu positiven Entwicklungen – so entstanden Dojo (Trainingsstätten, 道場)[2] mit Holzböden und Tatami (Reisstrohmatten, 畳) als „richtige" Trainingsstätten für Ju-Jutsu-Schulen, und als (realistische) Trainingsform gewann Randori gegenüber Kata an Bedeutung[3].

Mit der Ankunft der vier Schwarzen Schiffe (Kurofune, 黒船) des US-amerikanischen Commodore *Matthew C. Perry* (1794 bis 1858) am 8. Juli 1853 in Uraga (浦賀), in der Nähe des heutigen Tokyo, änderte sich dies wiederum. Aufgrund dieser Kanonenbootpolitik zwangen die USA Japan beziehungsweise das Tokugawa-Shogunat, sich gegenüber dem Westen, insbesondere gegenüber den USA, zu öffnen und am 31. März 1854 den Vertrag von Kanagawa (Kanagawa Joyaku, 神奈川条約) zu unterzeichnen.

Wohl auch aus diesem Grund hatten die US-Amerikaner am 2. September 1945 die Flagge von *Perrys* Flaggschiff an einem Schott der USS Missouri befestigt, auf der die Unterzeichnung der Kapitulation Japans und damit das Ende des Zweiten Weltkriegs stattfand.

Als Antwort darauf wurde 1856 das Kobusho (講武所), eine Militärakademie, in Tokyo gegründet, wo unter anderem japanische Kampfkünste gelehrt wurden – vor allem Kenjutsu (剣術). Damals etablierten sich sowohl der Wettkampf (Shiai, 試合) als auch standardisierte Stile der vielen Hundert Kampfkunstschulen. Allerdings wurde das Kobusho nach nur zehnjähriger Lehrtätigkeit geschlossen, weil man erkannte, dass die Unterschiede zwischen den klassischen Kampfkünsten und westlicher Militärtechnik zu groß waren.

Nachdem sich Japan jahrhundertelang von der Außenwelt und westlichem Einfluss abgeschottet hatte, führte die Meiji-Restauration (Meiji

---

2 Zu Dojo siehe Kapitel G.

3 Zu diesen Übungsformen siehe Kapitel H IV.

ishin, 明治維新) 1868 zu sowohl umfangreichen als auch relativ schnellen gesellschaftlichen und wirtschaftlichen Reformen. Es galt als modern, westliches Gedankengut zu übernehmen. Das Shogunat, das seit der Kamakura-Ära (Kamakura jidai, 鎌倉時代) im 12. Jahrhundert bestanden hatte, wurde abgeschafft; das japanische Kaiserreich erhielt eine Verfassung (Dai-Nippon teikoku kempo, 大日本帝國憲法), die 1890 in Kraft trat. Mit der Abschaffung des Kriegerstandes, dem Verbot, Schwerter zu tragen und der Bewertung der japanischen Kultur als „altmodisch" hörten viele Kampfkunstschulen zu existieren auf. 1877 kam es unter Führung von *Saigo Takamori* (西郷 隆盛, 1828 bis 1877) zu einem letzten Aufstand der Samurai gegen die Meiji-Regierung in der Provinz Satsuma (in der heutigen Präfektur Kagoshima (鹿児島県)) – die sogenannte Satsuma-Rebellion (Seinan Senso, 西南戦争).

Der 2003 erschienene US-amerikanische Spielfilm „The Last Samurai" von *Edward Zwick* ist teilweise hiervon inspiriert.

Im Rahmen dieser Auseinandersetzung zeigte sich, dass einige Einheiten, die mit Schwertern und nicht mit modernen Waffen kämpften, siegreich waren. Da die japanische Polizei damals keine Schusswaffen tragen durfte, erwiesen sich die traditionellen Kampfkünste als durchaus nützlich. Aus dem traditionellen Kenjutsu der Samurai wurde Kendo als moderne Trainingsform für Polizisten.

Heute ist Kendo neben Sumo und Baseball eine der beliebtesten Sportarten in Japan und wird vor allem – neben Judo – an Schulen und Universitäten angeboten.

II. DER BEGRÜNDER DES JUDO: JIGORO KANO

Jigoro Kano (嘉納 治五郎) wurde am 28. Oktober 1860 in Mikage, (heute Kobe, 神戸市) Japan, geboren.

Der Geburtstag *Kanos* – der 28. Oktober – ist der Welt-Judo-Tag (World Judo Day), an dem seit 2011 weltweit Judo-Aktionen unter einem jährlich wechselnden Motto öffentlichkeitswirksam durchgeführt werden. 2023 lautete das Motto „Bringe einen Freund". Der DJB führte dazu nicht nur ein Training mit prominenten Wettkämpfern durch, sondern berichtete auch von einer Mitgliederversammlung aus Stuttgart. Beide Veranstaltungen wurden direkt im Internet übertragen.

2021 ehrte Google *Kano* an dessen Geburtstag mit einem von der US-Amerikanerin *Cynthia Yuan Cheng* gestalteten Doodle, das das Leben *Kanos* bildhaft zusammenfasste.

Kano war das jüngste von fünf Kindern seines Vaters *Jirosaku Mareshiba Kano* und seiner Mutter *Sadako Takezoe*. Er stammte aus einer reichen Familie von Reedern und Sake-Brauern und genoss eine sehr gute Ausbildung auf Privatschulen. Als 1869 seine Mutter starb, zog die Familie im folgenden Jahr nach Tokyo (東京). 1875 begann *Kano* dort mit dem Literatur-, Politikwissen-schaften- und VWL-Studium. Da *Kano* ein schmächtiger Mensch war, entschloss er sich mit 17 Jahren, Ju-Jutsu der Tenjin Shinyo-ryu (天神真楊流), einer Kampfkunstschule, die Anfang des 19. Jahrhunderts gegründet wurde und heute noch existiert, zu lernen. Ju-Jutsu war damals in Tokyo eine weitverbreitete Sportart.

Dass der deutsche Medizinprofessor *Erwin von Bälz* (1849 bis 1913), der 1876 nach Japan kam, dort Medizin lehrte und unter anderem Leibarzt für das japanische Kaiserhaus war, *Kano* aufgefordert haben soll, Ju-Jutsu zu lernen, ist falsch – auch wenn einige deutsche Judo-Bücher diese Geschichte verbreiten. Zwar interessierte sich *von Bälz* für japanische Kampfkünste und praktizierte auch Ju-Jutsu, ebenso kannten sich *von Bälz* und *Kano* und hatten den Wert von Sport für die allgemeine Gesundheit erkannt. *Kano* hatte aber bereits vor seinem Austausch mit *von Bälz* sein Kodokan-Judo entwickelt.

Die Techniken der jeweiligen Schule vermittelten die Lehrer durch Kata (Formen, 形) und gaben so ihr Wissen an ihre Schüler weiter. Da der Ablauf der Techniken genau festgelegt war, konnten so die Techniken durch präzise Wiederholungen (idealerweise identisch) von einer Generation an die nächste vermittelt werden. Teilweise waren solche genauen Absprachen bei der Technikdemonstration (insbesondere mit Waffen) erforderlich, um Verletzungen im Training zu vermeiden.

Nachdem seine beiden ersten Lehrer *Hachinosuke Fukuda* (1827 bis 1879) und *Masatomo Iso* (1819 bis 1881) gestorben waren, lernte *Kano* weiter Ju-Jutsu, nun aber das der Kito-ryu (起倒流), deren Ursprünge bis ins 17. Jahrhundert zurückreichen, bei *Tsunetoshi Iikubo*.

Fukuda war ein ehemaliger Samurai und lehrte das Ju-Jutsu der Tenjin Shinyo-ryu. Als *Kanos* erster Lehrer hatte er einen prägenden Einfluss auf ihn. Die Tenjin Shinyo-ryu hatte *Mataemon Ryukansai Minamoto no Masatari Iso* (磯又右衛門柳関斎源正足, 1787 bis 1863) in den 1830er Jahren gegründet, indem er verschiedene Techniken von zwei anderen Kampfkunstschulen kombinierte. Ihre Blütezeit erlebte sie am Ende der Tokugawa-Ära, als *Iso* als Ju-Jutsu-Lehrer der angesehensten Ju-Jutsu-Schule tätig war. Aufgrund der Meiji-Restauration nahm das Interesse an den Kampfkünsten jedoch rapide ab. Auch *Morihei Ueshiba* (植芝 盛平, 1883 bis 1969), der Begründer des Aikido, war ein Schüler der Tenjin Shinyo-ryu.

Fukudas Enkelin, *Keiko Fukuda* (福田 敬子, 1913 bis 2013), war die höchstgraduierte weibliche Judoka, die von *Kano* als eine der ersten Frauen am Kodokan unterrichtet wurde und nach dem Zweiten Weltkrieg nach Kalifornien zog, wo sie Judo verbreitete und den Rest ihres Lebens verbrachte[4].

---

4 Judo-Persönlichkeiten sind mit kurzen Biographien in Kapitel P aufgeführt.

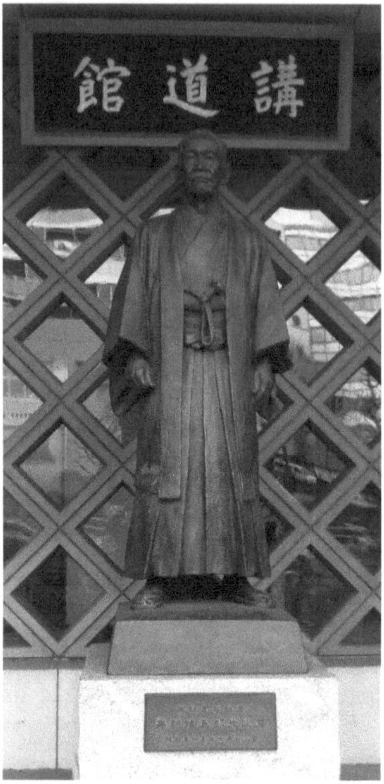

Abbildung 2: Statue Jigoro Kanos vor dem Kodokan in Tokyo

Bei der Vermittlung der Techniken legten *Fukuda* und *Iikubo* Wert auf Randori (Übungskämpfe, 乱取り), während bei *Iso* Kata im Mittelpunkt stand. Von der Kito-ryu, deren Schwerpunkt auf Wurftechniken lag, erhielt *Kano* 1883 die Lehrlizenz (Menkyo-kaiden, 免許皆伝). Dies war die höchste Ausbildungsstufe einer Schule, die bescheinigte, dass der Schüler alle Techniken der Schule gelernt hatte.

Die Schulen dokumentierten ihr Wissen neben Kata in Form von Schriftstücken (Densho, 伝承). Die Techniken teilten sie in Grundlagen (Shoden, 初傳), fortgeschrittene (Chuden, 中傳) sowie geheime Techniken (Okuden, 奥傳) ein. Schließlich folgten mündliche Überlieferungen (Kuden, 口伝), die besonders geheim zu halten waren.

Nachdem *Kano* sein Literaturstudium abgeschlossen hatte, gründete er 1882 das **Kodokan** (講道館)[5] im Eisho-ji (英勝寺), einem kleinen Tempel in Tokyo, den man heute noch besichtigen kann. Wer diesen besucht, wird schnell bemerken, dass die erste Judo-Trainingsstätte nicht mehr war als ein kleiner angemieteter Raum. Zunächst begannen neun Privatschüler bei ihm zu trainieren, sein Lehrer *Iikubo* unterstützte *Kano* gelegentlich in der Anfangsphase. *Kano* hatte das Ziel, eine neue Ju-Jutsu-Schule zu gründen. Hierzu übernahm er sowohl Techniken der Tenjin Shinyo-ryu als auch der Kito-ryu.

---

5 Zum heutigen Kodokan Judo Institute siehe in Kapitel D I.

Techniken, die von der Tenjin Shinyo-ryu stammen, sind zum Beispiel Harai-goshi (Hüftfegen, 払腰), O-soto-gari (Große Außensichel, 大外刈) und Seoi-nage (Schulterwurf, 背負投)[6]. Die meisten Judo-Bodentechniken entwickelte *Kano* aus seinen Kenntnissen der Tenjin Shinyo-ryu. Ebenso geht die Itsutsu-no-kata (Form der fünf Symbole, 五の形)[7] auf diese Kampfkunstschule zurück. Obwohl die Tenjin Shinyo-ryu für ihre Atemi-waza (Schlag- und Tritttechniken, 当身技)[8], berühmt war, übernahm *Kano* diese nicht in sein Kodokan-Judo.

Die Techniken der Kito-ryu umfassen neben Atemi-waza auch Wurf-, Hebel- und Würgetechniken. Ihr Schwerpunkt liegt aber – ebenso wie im Judo – auf Wurftechniken. Denn *Kano* orientierte sich bei der Zusammenstellung seiner Wurftechniken (wie zum Beispiel Uki-goshi (Hüftschwung, 浮腰), Tsurikomi-goshi (Hebezughüftwurf, 釣込腰) und Kata-guruma (Schulterrad, 肩車)) an seinem Studium der Kito-ryu. Dies gilt ebenfalls für die Übernahme von Bewegungen Ukes sowie den Gleichgewichtsbruch durch Tori. Auch die Koshiki-no-kata (Form der antiken Techniken, 古式の形)[9] stammt von der Kito-ryu.

Kano versuchte unter anderem, gefährliche Techniken zu entfernen beziehungsweise nur im Rahmen von Kata zu lehren. 1883 musste er den Eisho-ji verlassen und umziehen, weil sich die Mönche des Tempels durch sein Training gestört fühlten.

Neben dem Kodokan gründete *Kano* ebenfalls 1882 das Kano-juku (加納宿), ein einfaches Internat für seine Schüler, in dem spartanische Regeln galten, das aber eine enorme Bedeutung für die Anfangsjahre des Kodokan hatte.

---

6 Zu diesen Wurftechniken siehe Kapitel J III.

7 Zu dieser Kata siehe Kapitel K II.

8 Zu Atemi-waza siehe Kapitel J V.

9 Zu dieser Kata siehe Kapitel K II.

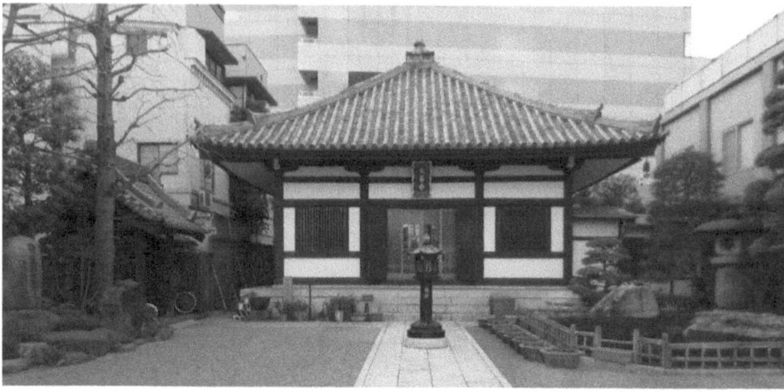

Abbildung 3: Eisho-ji in Tokyo

1883 verlieh *Kano* erstmalig seinen Schülern *Tsunejiro Tomita* (富田 常次郎, 1865 bis 1937) und *Shiro Saigo* (西郷四郎, 1866 bis 1922) Dan-Grade. Die „offizielle" Einführung von schwarzen Gürteln als Erkennungszeichen von Dan-Trägern folgte aber erst 1886, die weitere Unterscheidung mit rot-weißen und roten Gürteln für hohe Dan-Grade sogar erst 1930[10].

Die wesentlichen Elemente des Kodokan-Judo waren für *Kano* 1884 **Randori** und **Kata**. Später kamen **Kogi** (Vorträge, 講義) und **Mondo** (Diskussionen, 問答) hinzu. Denn *Kano* sah im Judo deutlich mehr als nur eine Sportart – vielmehr einen Lebensweg. Es bleibt aber festzuhalten, dass er keinesfalls eine neue Sportart erfunden hat. Sondern *Kano* kombinierte verschiedene Ju-Jutsu-Stile und Techniken, aus denen er in einem fließenden Übergang „sein" Kodokan-Judo entwickelte. In der Anfangszeit handelte es sich daher eher um modifiziertes Ju-Jutsu, das mit dem modernen Wettkampf-Judo nicht vergleichbar war. Selbst die Bezeichnung „Judo" ist keine Erfindung *Kanos*, denn andere Schulen verwendeten diesen Begriff bereits früher. Der Schwerpunkt lag auf Wurftechniken, Bodentechniken maß er eine geringere Bedeutung bei. In den 1880er Jahren entwickelte *Kano* darüber hinaus die meisten Kodokan-Kata[11].

---

10 Zu den Gürtelfarben und Graduierungen siehe Kapitel F.

11 Zu den Kodokan-Kata siehe Kapitel K.

Diese vier Elemente lassen sich in Praxis (Randori und Kata) sowie Theorie (Kogi und Mondo) einteilen. Ebenso weisen Kata und Kogi durch ihre vorgegebene Form beziehungsweise Randori und Mondo durch das Auseinandersetzen mit dem anderen Parallelen auf.

Diese Elemente stehen im Einklang mit den **Zielen des Kodokan-Judo**, die *Kano* von Anfang an im Sinn hatte: Das Judo-Training sollte die körperliche Fitness verbessern, notfalls der Selbstverteidigung dienen, aber auch durch Theorie den Geist schulen und Judoka allgemein erziehen.

Ferner führte *Kano* Falltechniken in sein System ein. Dagegen verloren Atemi-waza an Bedeutung. Außerdem legte *Kano* Wert auf den Gleichgewichtsbruch, wie er es während seiner Ausbildung bei *Iikubo* gelernt hatte – für ihn war Judo von Dynamik und nicht von Statik geprägt.

Man darf allerdings die damalige Entwicklung der japanischen Gesellschaft nicht aus dem Blick verlieren. Nach der Meiji-Restauration fiel die Gründung des Kodokan mit einer gesellschaftlichen Rückbesinnung auf japanische Traditionen zusammen – quasi eine Gegenbewegung zu dem immensen Umbruch in Japan. Hierzu gehörten ebenfalls die Kampfkünste. Indem *Kano* mit seinem Kodokan-Judo sowohl an die Traditionen des Bujutsu anknüpfte als auch eine Weiterentwicklung im Sinn des Umbruchs in die Moderne in Japan erreichen wollte, traf er wohl einen Nerv der Zeit und beeinflusste damit ebenso die Modernisierung anderer Kampfkünste.

Parallel zur Gründung des Kodokan schloss *Kano* sein Studium ab und wurde 1885 zunächst Lehrbeauftragter an der Gakushuin, einer Bildungseinrichtung für den japanischen Adel; heute handelt es sich hierbei um eine Privatuniversität in Tokyo.

1885 gelang es *Kanos* Schülern, in einem Vergleichskampf mit einer Ju-Jutsu-Schule, der Totsuka-ryu (戸塚流), zu siegen. Dies trug nach und nach zur Popularität des Judo in Tokyo bei: So bildeten *Yoshitsugu Yamashita* (山下 義韶, 1865 bis 1935) und *Shiro Saigo* anschließend Polizisten in Tokyo im Judo aus. Später wurde Judo Bestandteil der Ausbildung an der Marine-Akademie. 1908 wurde Judo als Schulfach in der Mittelschule eingeführt, 1930 wurde es neben Kendo obligatorisch und ersetzte Ju-Jutsu. Hier zeigte sich, dass neben den sportlichen Erfolgen vor allem *Kanos* berufliche Stellung und gesellschaftlicher Einfluss dazu führten, dass er seine Sportart geschickt vermarktete und mit der allgemeinen Erziehung in Japan verband.

1889 unternahm *Kano* für das japanische Erziehungsministerium eine 16 Monate dauernde Studienreise in Europa, während seine Schüler, insbesondere die Shitenno (die sogenannten „Vier Himmlischen Könige") das Kodokan, das inzwischen mehr als 1.000 Mitglieder umfasste, weiterbetrieben. Gleichzeitig nutzte *Kano* während seines Aufenthalts in Europa die Zeit, um dort für Judo sowohl durch Vorträge als auch durch Vorführungen zu werben. 1893 wurde *Kano* Direktor der Höheren Normalschule, der Lehrerbildungsanstalt in Tokyo (Tokyo koto shihan gakko, **高等師範学校**; heute ist dies die angesehene Tsukuba-Universität (Tsukuba daigaku, **筑波大学**)) und lehrte dort praktisch bis zu seiner Pensionierung. Somit konnte er jahrelang die Ausbildung der Lehrer in Japan nach seinen Vorstellungen prägen.

Nach seiner Rückkehr aus Europa heiratete *Kano* 1891 *Sumako Takezoe*. Die Eheleute hatten insgesamt neun Kinder. 1893 nahm *Kano* eine Position im Erziehungsministerium an.

1894 unterrichteten hauptamtliche Lehrer (heute bezeichnete man sie als Trainer) im Kodokan, dessen Mitglieder nun (geringe) Mitgliedsbeiträge entrichten mussten, um den Trainingsbetrieb zu finanzieren. Vorher waren keine Beiträge erhoben worden. In den folgenden Jahren nahm die Anzahl der Judoka weiter zu, regelmäßig musste das Kodokan infolge des entstehenden Platzmangels in größere Dojo umziehen.

1895 stellte *Kano* die **Gokyo-no-waza** (**五教の技**), die 40 Grundwürfe des Kodokan-Judo, vor, die erst 1920 überarbeitet wurde[12]. Wie bereits angesprochen, führte der aufkommende Nationalismus in Japan zu einer Rück-

---

[12] Zu den Wurftechniken des Kodokan siehe Kapitel J III.

besinnung auf die japanischen Kampfkünste. Während *Kano* zunächst als Pädagoge und später als Sportfunktionär Wert auf körperliche Ertüchtigung und Erziehung legte, sah die japanische Regierung die Vorteile der Judo- und Kendo-Ausbildung wohl eher als eine Vorstufe zur militärischen Ausbildung der Japaner und unterstützte somit den damaligen nationalen Zeitgeist. Bereits 1883 hatte das japanische Erziehungsministerium versucht, diese Sportarten in den Lehrplan aufzunehmen. Allerdings wurden sie erst ab 1912 an den Mittelschulen als Fächer angeboten. Um die Jahrhundertwende nahm die Allgemeinheit den Begriff „Judo" bewusst durch die Entwicklung des Kodokan wahr, in den folgenden Jahren übernahmen als Zeichen der Modernisierung weitere Sportarten den Ausdruck „do" (Weg): Neben Judo und Kendo wurde aus Kyujutsu (弓術) Kyudo, die Teezeremonie erhielt die Bezeichnung Sado (茶道) und Ikebana (Kunst des Arrangierens von Blumen, 生け花) nannte man Kado (華道).

1909 ernannte das Internationale Olympische Komitee (International Olympic Committee, IOC) *Kano* als ersten Asiaten zum Mitglied. Dadurch konnte er nicht nur Judo als (vom IOC anerkannte) Sportart stärker verbreiten, sondern auch Japan als Ausrichter von künftigen Olympischen Spielen ins Gespräch bringen. Bereits 1932 hatte der Tokyoter Bürgermeister *Hidejiro Nagata* (永田秀次郎, 1876 bis 1943) aus diesem Anlass das Kodokan besucht. 1936 hatte *Kano* mit diesem Vorhaben schließlich Erfolg: 1940 sollten die Olympischen Spiele in Tokyo stattfinden. Das IOC sagte sie wegen des Zweiten Weltkrieges jedoch ab, sodass erst 1964 Tokyo die ersten Olympischen Spiele in Japan ausrichten durfte. Dort war auch erstmalig die Sportart Judo vertreten.

Als IOC-Mitglied, das *Kano* bis zu seinem Tod 1938 blieb, unternahm er in den folgenden Jahren viele weitere Auslandsreisen, insbesondere nach Europa und in die USA, um für Judo als Sportart und Erziehungsphilosophie zu werben und um die jeweiligen Olympischen Spiele zu besuchen. Bereits 1933 hatte er den Vorschlag gemacht, eine Internationale Judo-Föderation zu gründen. Dies wurde jedoch tatsächlich erst 1952 realisiert[13].

---

13 Zur IJF siehe Kapitel D II.

Kano hatte selbstverständlich großes Interesse daran, Judo zu verbreiten. Er förderte als Sportfunktionär aber alle japanischen Sportarten, darunter auch Kendo und Sumo; selbst für die Verbreitung von Karate von der Präfektur Okinawa (沖縄県) hin zum japanischen „Festland" sorgte er. Diese allgemeine Entwicklung des Sports war ein weltweites Phänomen: In Deutschland begründete *Friedrich Ludwig Jahn* (1778 bis 1852) die deutsche Turnbewegung, die weit über den eigentlichen Sport Bedeutung erlangte. 1896 fanden die ersten Olympischen Spiele (der Neuzeit) in Athen (Griechenland) statt, die *Pierre de Coubertin* (1863 bis 1937) erfolgreich wiederbelebt hatte.

1911 fanden die ersten japanischen Meisterschaften im Judo statt und veranschaulichten zum einen die weiterwachsende Popularität von Judo bei der japanischen Bevölkerung, zum anderen die Verbreitung von modernen Sportveranstaltungen als solchen.

Nachdem *Kano* 1905 für mehrere Monate nach China gereist war, führten ihn die nächsten Auslandsreisen 1912/1913 nach Stockholm (Schweden) zu den Olympischen Spielen und anschließend in weitere europäische Länder sowie die USA, um sich weiterhin zu den Themen „Judo" und „Erziehung" auszutauschen.

Aufgrund seines Einflusses auf die Ausbildung der Lehrer in Japan wurde *Kano* 1922 Mitglied im japanischen Kizokuin (貴族院), dem Oberhaus des japanischen Reichstages. In demselben Jahr entwickelte *Kano* die beiden Grundprinzipien des Judo: Das technische (Seiryoku-zenyo, 精力善用) und das moralische Prinzip (Jita-kyoei, 自他共栄)[14]. 1926 gründete das Kodokan offiziell seine Frauenabteilung, Kinder und Frauen unterrichteten die Lehrer aber bereits seit den 1890er Jahren – für die damalige Zeit fortschrittlich.

1934 zeigte sich die wachsende Popularität des Kodokan-Judo unter anderem darin, dass wieder ein größeres Dojo neu errichtet wurde, weil die Anzahl der Judoka rasant zunahm: Jedes Jahr kamen tausende neue Mit-

[14] Zu den Grundprinzipien des Kodokan-Judo siehe Kapitel B.

glieder hinzu. Spätestens Mitte der 1930er Jahre hatte sich *Kano* in der Öffentlichkeit das Ansehen als Begründer des modernen Sports in Japan erworben – nicht nur bezogen auf Judo, sondern allgemein bezogen auf Erziehung und körperliche Ertüchtigung zum Wohl der Gesellschaft.

Am 4. Mai 1938 starb *Kano* an einer Lungenentzündung auf der Rückreise von Kairo (Ägypten) nach Tokyo an Bord der „Hikawa Maru" (氷川丸), die heute als Museumsschiff im Hafen von Yokohama (横浜市) ankert.

III. *KANOS* VERMÄCHTNIS: DIE INTERNATIONALE ENTWICKLUNG DES JUDO

Nach der Öffnung Japans besuchten vor allem japanische Kriegsschiffe das Ausland, das so vermehrt mit den japanischen Kampfkünsten – zunächst Ju-Jutsu, später Judo – in Berührung kam. Auf seinen Auslandsreisen präsentierte *Kano* seine Sportart beziehungsweise seine pädagogischen Vorstellungen dem Publikum, das sich damals für diese geheimnisvollen Kampfkünste interessierte. Weitere Lehrer des Kodokan unternahmen Auslandsreisen und begannen ebenso, Judo zu verbreiten. In Japan dürfte sicherlich *Kanos* berufliche Stellung zur Verbreitung des Kodokan-Judo beziehungsweise zur Verdrängung der anderen Ju-Jutsu-Stile maßgeblich beigetragen haben. Außerdem verstand er es, gute Lehrer oder Wettkämpfer von anderen Schulen abzuwerben und diese als Kodokan-Mitglieder zu fördern. Im Ausland erreichte *Kano* diese Ziele durch seine Reisen sowie Judo-Vorträge, insbesondere in seiner Funktion als IOC-Mitglied, als das er regelmäßig die jeweiligen Olympischen Spiele besuchte. Parallel zu *Kano* als offiziellem Vertreter verbreiteten japanische Auswanderer Judo weltweit. Umgekehrt begannen Ausländer, insbesondere Universitätsprofessoren, sich für *Kanos* Vorträge und Erziehungsansätze zu interessieren und besuchten das Kodokan in Tokyo, um sich dort einen persönlichen Eindruck zu verschaffen.

1936 verlieh *Kano* den ersten Dan an *Moshé Feldenkrais* (1904 bis 1984). Dieser war der erste Europäer, der nicht im Kodokan Judo gelernt hatte. Außerdem verlieh *Kano Mikinosuke Kawaishi* (川石 酒造之助, 1899 bis 1969), der ebenfalls in Frankreich lebte, die Berechtigung, Dan-Grade in Europa zu vergeben. *Kawaishi* gilt als der Begründer des Judo in Frankreich, nach Japan die größte Judo-Nation. Im Vereinigten Königreich verbreitete *Gunji Koizumi* (小泉 軍治, 1885 bis 1965) Judo. Er kam 1906 nach Wales, gründete 1918 den Budokwai in London, der älteste europäische Judo-Club, und 1948 die European Judo Union (EJU)[15].

Zwar hatten die Alliierten Judo nach dem Zweiten Weltkrieg in Japan und Deutschland zunächst verboten, 1948 wurde das Training aber wieder aufgenommen.

Grund für das Verbot war, dass im Zweiten Weltkrieg Sport als Vorstufe zur militärischen Ausbildung betrieben wurde. So war 1941 aus Gymnastik (Taiso, 体操) „körperliche Disziplin" (Tairen) geworden, Budo war ein Pflichtfach und „Jukendo" (Bajonettkampf, 銃剣道) war in den Lehrplan aufgenommen worden, nachdem es 1925 der Butokukai eingeführt hatte. Die Alliierten sahen folglich Budo als mit demokratischen Werten unvereinbar an und verboten es, um jegliche Überreste des Militarismus auszulöschen. Um Budo wiederzubeleben, musste es zu einer (reinen) Sportart werden.

1946 war bereits das Verbot von Sumo und Karate aufgehoben worden. Ebenso schnell nahm man erneut das reguläre Judo-Training im Kodokan auf. Seit 1950 wurde Judo wieder an Schulen unterrichtet. Die allgemeine Akzeptanz für Kendo dauerte länger, erst 1953 gelang es, Kendo wieder in den Lehrplan von Schulen aufzunehmen. Die Entwicklung des Judo von einer Kampfkunst zu einer Kampfsportart führte zu steigender weltweiter Popularität. Sowohl die 1948 gegründete EJU als auch die nur drei Jahre später gegründete IJF waren insoweit sicherlich wichtige Meilensteine, um dem Kodokan-Judo den organisatorischen Weg zu eb-

---

15 Zur EJU siehe Kapitel D III.

nen. 1956 fanden die ersten **Judo-Weltmeisterschaften** statt, seit 1964 ist Judo eine olympische Sportart mit entsprechender Medienpräsenz. Gerade die ersten **Olympischen Spiele in Japan** verschafften als Katalysator vermutlich Judo als „neuer" Sportart einen deutlichen internationalen Anschub - neben der üblichen Möglichkeit des Gastgeberlandes, seine weltweite Reputation zu steigern. Nach dem Zweiten Weltkrieg hatte sich Japan - ähnlich wie Deutschland - volkswirtschaftlich schnell erholt und sich vom Agrarland hin zum international erfolgreichen Industriestaat gewandelt. Im Rahmen der Olympischen Spiele wurden außerdem Kendo, Kyudo und Sumo als Sportarten demonstriert und erlangten ebenfalls große internationale Bekanntheit. In Japan selbst entstand ein neues Selbstbewusstsein der Bevölkerung; Budo-Sportarten erhielten starken Zulauf von Frauen und Kindern.

Anlässlich der 100-Jahre-Feier des Kodokan wurde das heutige Trainingszentrum im Norden Tokyos 1984 erbaut. Von allen Budo-Disziplinen dürfte Judo die internationalste sein. Kritiker bemerken jedoch, dass die Entwicklung der letzten Jahrzehnte dazu geführt habe, dass der Geist des Budo durch die Fokussierung auf den reinen Sportbetrieb verloren gegangen sei. Ebenso wie Judo in Deutschland hat Budo in Japan Nachwuchsprobleme; wesentlicher Grund für den Rückgang in den letzten Jahrzehnten ist die geringe Geburtenrate.

IV. ENTWICKLUNG DES JUDO IN DEUTSCHLAND

1906 gründete *Erich Rahn* (1885 bis 1973), der aus einer Berliner Kaufmannsfamilie stammte, die erste deutsche Ju-Jutsu-Schule (Sportschule Rahn) und bildete dort ab 1911 Polizeibeamte aus. Er hatte von japanischen Besuchern Ju-Jutsu gelernt, in sein System aber auch Techniken aus anderen Kampfkünsten integriert.

Alfred Rhode (1896 bis 1978), ein Schüler *Rahns*, gründete 1922 den Ersten Deutschen Jiu-Jitsu-Club e.V. in Frankfurt am Main, der der erste Judo-Verein Deutschlands war. In den Anfangsjahren lehrte *Rhode* noch Ju-Jutsu, bevor sich sein Interesse zum Judo verlagerte. Außerdem gründete er 1932 den Deutschen Judoring, der der Vorgänger des Deutschen Judo-Bundes war.

Nach dem Zweiten Weltkrieg hatten die Alliierten zunächst Judo auch in Deutschland von 1945 bis 1948 verboten, bevor sie es als Amateursport erlaubten. 1952 wurden in Köln der Nordrhein-Westfälische Judoring, der seit 1964 unter „Nordrhein-Westfälischer Judoverband" (NWJV) firmiert, heute der mitgliederstärkste Landesverband im DJB, sowie das Deutsche Dan-Kollegium e.V. (DDK) in Stuttgart gegründet. Der **Deutsche Judo-Bund** folgte 1953 in Hamburg.

In der Deutschen Demokratischen Republik wurde der Deutsche Judo-Verband (DJV) 1958 in Leipzig gegründet, der bis 1991 existierte, als sich DJB und DJV zusammenschlossen.

Obwohl knapp ein Drittel der Judoka weiblich sind, dürfen diese erst seit 1968 an Kata-Meisterschaften in Deutschland teilnehmen, seit 1970 an Judo-Wettkämpfen. 1976 wurde das Bundesleistungszentrum in Köln eröffnet, seitdem ist dort „offiziell" das Zentrum der deutschen Judo-Nationalmannschaften.

Seit 2006 gibt es ein Judo-Museum in Deutschland: In Berlin, in der „Sportschule Lothar Nest", präsentiert *Lothar Nest* unzählige Gegenstände aus vielen Jahrzehnten Judo-Geschichte von Judoka in Deutschland.

V. JUDO IM ALLTAG – ABSEITS DES TRAININGS

Medienpräsenz

In Deutschland ist Judo nicht so populär und präsent, wie dies zum Beispiel in Japan oder Frankreich der Fall ist. Folglich nimmt die Allgemeinheit, die keinen direkten Bezug zu diesem Sport hat, Judo in Deutschland eher als sportliches Randgeschehen wahr.

Da in der Sowjetunion Sambo (cáмбо), ursprünglich eine in den 1920er Jahren für die Rote Armee entwickelte waffenlose Nahkampfausbildung mit vielen Parallelen zum Judo, sehr beliebt war, entwickelte sich insbesondere in den 1990er Jahren das „russische Judo", das früher *Wladimir Putin*, (Владимир Путин) selbst aktiver Judoka, politisch international stark unterstützt hatte. Aufgrund des russischen Angriffskrieges auf die Ukraine wurden ihm seine internationalen Ehrenämter von der IJF und EJU 2022 aberkannt. 2023 entschieden jedoch sowohl das IOC als auch die IJF, dass russische und belarussische Judoka als individuelle neutrale Athleten an internationalen Wettkämpfen und damit auch an den Olympischen Spielen 2024 in Paris teilnehmen dürfen. Angesichts des systematischen Dopings in den letzten Jahren und der Rolle, die Sportler in der russischen Propaganda innehaben, stoßen diese Entscheidungen international auf Unverständnis. Der DJB teilte erfreulicherweise im Mai 2023 ausdrücklich mit, dass er sich vor dem Hintergrund der eindeutigen Kriegssituation mit dem Aggressor Russland eine andere Entscheidung seitens des IOC und der IJF gewünscht hätte.

Während Anfang der 1990er Jahre der DJB seinen höchsten Mitgliederstand hatte, hat sich die Anzahl der Mitglieder in den letzten 20 Jahren halbiert. Gründe hierfür dürften die Ganztagsschule sowie insgesamt ein größeres Freizeitangebot für Kinder und Jugendliche sein, aber vielleicht auch die Tatsache, dass Kampfsport verglichen mit anderen Sport- und

Freizeitangeboten doch etwas härter ist. Teilweise kämpfen kleinere Judo-Vereine noch immer mit den Nachwirkungen der Covid-19-Pandemie, die unter anderem zu monatelangen Trainingsverboten geführt hatte. Hier zeigt sich, dass vielfach finanzielle Mittel und Unterstützung sowohl für Leistungs- als auch Breitensportler von regelmäßigen Erfolgen und entsprechender Bekanntheit abhängen.

Zuletzt konnten *Eduard Trippel* (1997 geboren) aufgrund seiner Silber- und Bronzemedaille bei den Olympischen Spielen 2021 in Tokyo (in der Gewichtsklasse bis 90 kg und mit der Mannschaft) sowie *Anna-Maria Wagner* (1996 geboren) aufgrund ihrer olympischen Bronzemedaillen (in der Gewichtsklasse bis 78 kg und ebenfalls mit der Mannschaft) und auch als Weltmeisterin nur einen Monat früher in Budapest (Ungarn) ihre Medienpräsenz in den folgenden Monaten gut nutzen, um deutschlandweit für Judo zu werben. *Alina Böhm* (1998 geboren) konnte an diese Erfolge anschließen und sowohl bei den Europameisterschaften 2022 in Sofia (Bulgarien) als auch 2023 in Montpellier (Frankreich) den Titel in der Gewichtsklasse bis 78 kg erkämpfen.

In der Öffentlichkeit werden selbstverständlich Sportarten mit weniger Aktiven in den Medien knapper dargestellt. Insoweit ist es hilfreich, wenn ehemalige Judoka „ihrer" Sportart zu einem größeren Medienecho verhelfen, insbesondere im Fernsehen, wie dies den Sportjournalisten *Dieter Gruschwitz* (1954 bis 2022), *Alexander von der Groeben* (1955 geboren, international erfolgreicher Judoka in den 1980er Jahren, unter anderem 1984 und 1985 Europameister) und *Annett Böhm* (1980 geboren) gelang beziehungsweise noch immer gelingt.

Briefmarken und Gedenkmünzen

Anlässlich von Olympischen Spielen nehmen auch Außenstehende Judo stärker wahr – so erscheinen international regelmäßig Briefmarken oder Gedenkmünzen mit Judo-Motiven. Viele Länder gaben **Briefmarken** mit

Judoka zu allen Olympischen Spielen seit Tokyo 1964 heraus; zuletzt wieder in Tokyo (2021). Daneben sind diverse andere Judo-Meisterschaften Anlass gewesen, Judo-Briefmarken zu drucken.

Im November 2022 entdeckte man im zerstörten Kiewer Vorort Borodjanka auf einer Hauswand ein Kunstwerk des britischen Street-Art-Künstlers *Banksy*, das ein Kind zeigt, das einen erwachsenen Judoka - offensichtlich *Wladimir Putin* - zu Boden wirft. Die Ukraine gab dieses Motiv als eine Briefmarke am ersten Jahrestag des russischen Angriffskrieges gegen die Ukraine im Februar 2023 mit dem Zusatz „FCK PTN" heraus.

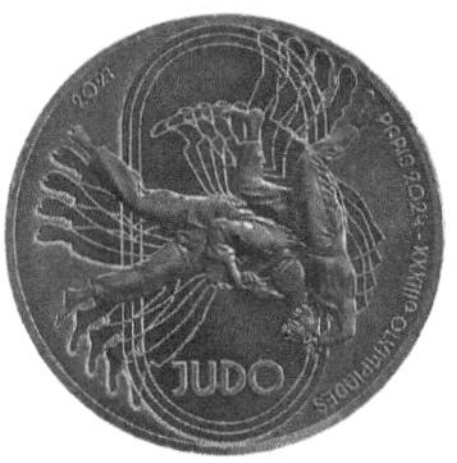

Abbildung 4: Französische ¼-Euro-Münze anlässlich der Olympischen Spiele 2024 in Paris

Einige der jeweiligen Gastgebernationen prägten **Gedenkmünzen** mit Judo-Motiven zu den Olympischen Spielen, so zum Beispiel zu den Veranstaltungen in Moskau (Russland, 1980), Seoul (Südkorea, 1988), Sydney (Australien, 2000), London (Vereinigtes Königreich, 2012), Rio de Janeiro (Brasilien, 2016), Tokyo (2021; erstmals auch eine separate Prägung für die Paralympics) und in Paris (Frankreich, 2024; erstmals drei unterschiedliche Münzen (Kupferstahl, Silber und Gold).

Belletristik

Was Literatur betrifft, gibt es zwar Hunderte von Judo-Fachbüchern, belletristische Darstellungen beschränken sich aber im Großen und Ganzen auf japanische Mangas mit Judo-Protagonisten. Oft werden diese auch als Anime - wiederum typisch für Japan - verfilmt. Wer sich allgemein für Judo interessiert, aber noch kein aktiver Judoka ist, findet vielleicht über die folgenden Bücher mittelbaren Zugang zum Judo:

So handelt die in Japan populäre Serie **„Yawara!"** (von 1986 bis 1993 erschienen) von *Naoki Urasawa* (浦沢 直樹) von der japanischen Judoka Yawara Ikonuma, deren Großvater, ein Judo-Meister, sie unter Druck setzt, weil sie zunächst japanische Meisterin und anschließend Olympiasiegerin in Barcelona (Spanien) werden soll. Anfänglich bereitet ihr das Judo-Training wenig Spaß. Später versteht sie jedoch, warum ihr Großvater Judo so schätzt.

Als 1992 die Japanerin *Ryoko Tani* (谷 亮子, 1975 geboren) die Silbermedaille in der Gewichtsklasse bis 48 kg bei den Olympischen Spielen gewann, brachte man sie häufig mit der Handlung dieser Manga-Serie in Verbindung; sie erhielt den Spitznamen „Yawara-chan".

„Obi o Gyutto ne!" (帯をギュッとね!, übersetzt: „Binde Deinen Gürtel fest!") von *Katsutoshi Kawai* (河合克敏) erschien 1988. Das Buch handelt von Takumi Kogawa, der mit seinen Freunden an seiner Schule einen Judo-Club gründet, und seinen Erlebnissen.

„Judo-bu monogatari" (柔道部物語, übersetzt: „Judo-Club-Geschichte") ist eine zwischen 1985 und 1991 erschienene Reihe von *Makoto Kobayashi* (小林 まこと, 1960 geboren), die von einem Judoka und seiner Schule erzählt.

„LaroZ – L'histoire d'un champion" (übersetzt: „Die Geschichte eines Meisters") von *Sylvain Levesque* wurde 2019 veröffentlicht. Im Gegensatz zu den anderen Manga handelt es sich bei diesem Buch nicht um eine fiktive Geschichte, sondern es thematisiert die Teilnahme des französischen Judoka *David Larose* (1985 geboren) an den Europameisterschaften 2014 in Montpellier (in der Gewichtsklasse bis 66 kg), bei denen er sich beim Aufwärmen verletzte und trotzdem die Silbermedaille errang. *Larose* beendete 2017 seine Leistungssportkarriere.

In Deutschland erschien 2010 das Buch **„Kampfgeist!"** von *Yvonne Wagner*. In Kroatien war 2012 das Buch **„Volim džudo, volim Sandru"** (übersetzt: „Ich liebe Judo, ich liebe Sandra") von *Danica Juričić Spasović* so erfolgreich, dass es die IJF 2014 auszeichnete. Beide Bücher richten sich – auch aufgrund der jugendlichen Protagonisten – an

Kinder und Jugendliche und stellen die Judo-Werte[16] in den Mittelpunkt der Handlung.

Relativ neu ist das Bilderbuch **„Kouki und der sanfte Weg"** von *Anna Behrla*, das 2022 erschien, Kleinkinder für Judo sowie dessen Werte begeistern soll und mit dem „International Creative Media Award" ausgezeichnet worden ist.

Filme

Kino- und Spielfilme, die die Sportart Judo thematisieren, sind im Vergleich zu Box- und Karate-Filmen seltener. Zuletzt dürfte wohl die „John Wick"-Filmreihe (von 2014 bis 2023 erschienen) von *Chad Stahelski* aufgrund ihrer Kampfchoreografien mit vielen Judo-Techniken zumindest bei Kennern auf Anerkennung gestoßen sein – einen inhaltlichen Judo-Hintergrund hat sie allerdings nicht.

Filme, die sich „klassisch" mit Judo auseinandersetzen, sind zum Beispiel **„Sugata Sanshiro"** (姿三四郎), deutscher Titel „Judo Saga – Die Legende vom großen Judo"): 1943 drehte *Akira Kurosawa* (黒澤明, 1910 bis 1998) diesen Film, der auf dem gleichnamigen Roman von *Tsuneo Tomita* (富田 常雄, 1904 bis 1967; Sohn des ersten Kodokan-Schülers *Tsunejiro Tomita* (富田 常次郎) basiert. Der Protagonist ist Sugata Sanshiro, der 1883 eine Budo-Schule sucht. Nachdem er Zeuge wird, wie der Judo-Lehrer Yano in einem Kampf Ju-Jutsu-Schüler besiegt, beschließt Sugata, Judo zu lernen. Er entwickelt sich zu einem guten Judoka und kann für seine Schule in einem Vergleichskampf mit Jujutsuka den entscheidenden Kampf gewinnen. Lebendes Vorbild für die Hauptrolle war *Shiro Saigo*, der erste Dan-Träger des Kodokan sowie einer der Shitenno. Während des Zweiten Weltkriegs wurde der Film zensiert und um 17 Minuten gekürzt. 1952 wurde er erneut veröffentlicht, die geschnittenen Szenen der Originalversion blieben aber unauffindbar.

1945 folgte die Fortsetzung zu *Kurosawas* Film über Sugata Sanshiro: **„Zoku Sugata Sanshiro"** (續姿三四郎). Zwar hatte *Kurosawa* nicht die

---

16 Zu den Judo-Werten siehe Kapitel C.

Absicht, eine solche zu produzieren, die Filmgesellschaft Toho setzte ihn aber nach dem Erfolg seines ersten Films unter Druck. Inhaltlich sollte der Film nationalistisch die Überlegenheit der Japaner gegenüber anderen Völkern zeigen und die damalige Haltung der japanischen Gesellschaft wiedergeben. Entsprechend spielt die Handlung 1887, am Ende kämpft Sugata gegen einen amerikanischen Box-Meister – und gewinnt.

1972 erschien der ostdeutsche Kinderfilm **„Euch werd ich's zeigen"** von *Rolf Losansky* (1931 bis 2016). Er erzählt von dem dreizehnjährigen Bernd, der nach dem Wegzug aus Rostock in eine andere Stadt Mitglied in dem dortigen Judo-Verein und anschließend in dessen Judo-Mannschaft wird. Der Film war in der Deutschen Demokratischen Republik populär und spiegelte die Bedeutung wider, die Judo damals dort besaß.

„Vive nous!" (2000) ist eine französische Komödie von *Camille de Casabianca*. Darin verliebt sich Valérie, die von ihrem Ehemann betrogen wird, in ihren Judo-Lehrer, nachdem sie in dessen Judo-Club mit dem Training begonnen hat. In einer Nebenrolle spielte *Shozo Awazu* (粟津 正蔵, 1923 bis 2016) mit, der maßgeblich dazu beitrug, dass Judo in Frankreich eine populäre Sportart wurde.

„Douches froides" (2005) ist ein französischer Spielfilm von *Antony Cordier*. Im Mittelpunkt steht Mickael, der aus einer Arbeiterfamilie stammt, in der Schule für die Abschlussprüfung lernen muss, aber erfolgreicher Judoka ist.

„Hyeong" (형, übersetzt: „Bruder", 2016) ist eine koreanische Tragikkomödie von *Soo-kyung Kwon* (권수경). Während eines internationalen Wettkampfs verletzt sich der Judoka Doo-young und erblindet. Daraufhin wird sein älterer Bruder Doo-sik auf Bewährung aus der Haft entlassen, um sich um ihn zu kümmern. Während sich die beiden zunächst nicht verstehen, bereiten sie sich auf die Paralympics in Rio de Janeiro vor, wo Doo-young schließlich die Goldmedaille gewinnt.

Computer-Spiele

Computer-Spiele, die inzwischen ebenfalls einen großen Markt abdecken, setzen sich kaum mit Judo auseinander. Dies mag daran liegen, dass sich komplexe Judo-Techniken schlecht simulieren lassen, wie die folgenden (überschaubaren) Beispiele aus drei Jahrzehnten belegen:

In den Anfangsjahren der Computer-Spiele veröffentlichte Martech 1986 für den Commodore 64 **„Uchi-mata"**, eine Simulation, die für damalige Verhältnisse als realistisch, aber schwierig zu spielen galt. Ziel war es, zunächst einen guten Griff zu erarbeiten und den Gegner dann zu werfen.

1990 erschien mit **„Moreo!! Judo Warriors"** von Jaleco für das NES ein ähnliches Spiel. Ziel war es, nach Wettkampferfolgen bei internationalen Turnieren schließlich bei den Olympischen Spielen zu starten und die Goldmedaille zu gewinnen. Auch diese Simulation beschränkte sich auf Wurftechniken. Der Spieler hatte die Parameter Kraft und Chance zu beachten, um den Gegner werfen zu können. Nach jedem Kampf konnte der Spieler Kraft, Technik oder Ausdauer seines Judoka ausbauen.

2006 publizierte BigBen Interactive **„David Douillet Judo"** für den PC, das entsprechend ambitioniert unter Mitwirkung von *David Douillet* und der Fédération Française de Judo entstanden war. Im Gegensatz zu den eben erwähnten Spielen wurden die Kämpfe dreidimensional simuliert. Nach einem Trainingsteil mit *David Douillet* folgte ein Turnierteil, bei dem es galt, Weltmeister zu werden. Bei der Steuerung kam es im Wesentlichen auf rhythmische Tastenfolgen an, die dann zu erfolgreichen Würfen führten.

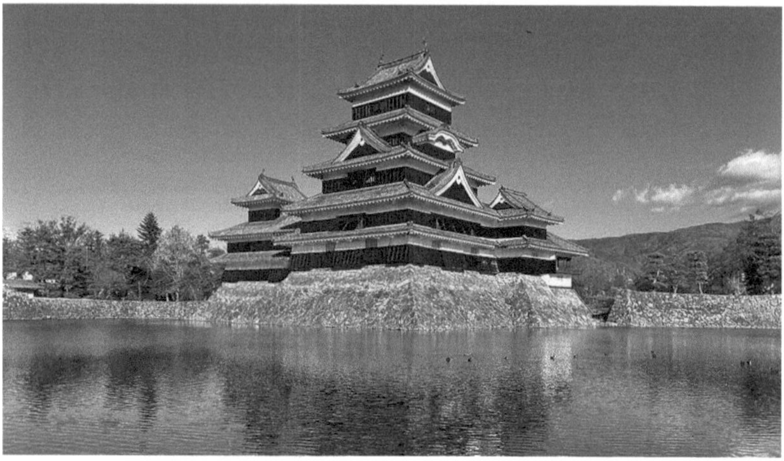

Abbildung 5: Matsumoto-jo, Matsumoto

Literaturempfehlungen zur Vertiefung:

Kevin Capito, Japanische Mythologie, Kiedrich 2023

The Committee for the Commemoration of the 150th Anniversary of the Birth of Jigoro Kano, The Legacy of Kano Jigoro, Tokyo 2020 (Englisch)

Jigoro Kano, Kodokan Judo, 2. Auflage, Bonn 2012

Andreas Niehaus, Leben und Werk KANO Jigoros (1860-1938), 3. Auflage, Baden-Baden 2019

Reinhard Zöllner, Geschichte Japans, Von 1800 bis zur Gegenwart, 3. Auflage, Paderborn 2013

★ KAPITEL B ★

GRUNDPRINZIPIEN DES KODOKAN-JUDO

Man übersetzt **Judo** allgemein als den „sanften Weg". Zwar hat das Kanji „ju" (柔) die Bedeutung von „sanft", treffender ist jedoch (wie im Vorwort bereits erwähnt) die Bedeutung im Sinne von „flexibel". Wer einen Judo-Kampf gesehen hat oder selbst einmal gekämpft hat, wird bestätigen können, dass sich bereits Kumi-kata (Griffkampf, 組み方) und erst recht dynamische Wurftechniken nicht sanft anfühlen. In diesem Sport geht es darum, den Gegner zu kontrollieren und auf seine Aktionen entsprechend zu reagieren – eben flexibel zu sein. Das zweite Kanji „do" (道) lässt sich anstelle von „Weg" besser mit „Prinzip" im Sinne einer Lebenseinstellung oder Philosophie übersetzen.

Ursprünglich sollte Judo als Weiterentwicklung von Ju-Jutsu der Selbstverteidigung dienen. *Kano* sah darüber hinaus aber auch die körperliche Ertüchtigung und allgemeine Fitness als weiteres Ziel an. Über das sportliche Training von Körper und Geist wollte *Kano* aber einen weiteren Nutzen sowohl im Sinn einer Selbstperfektionierung beziehungsweise eines lebenslangen Lernprozesses für den Einzelnen als auch in einem positiven Beitrag zum Wohl der Gesellschaft etablieren.

Auch wenn Judo heute vor allem eine Wettkampf-Sportart ist, basiert das Kodokan-Judo auf zwei Prinzipien, die *Kano* 1922 veröffentlichte: dem (vereinfacht) technischen und dem moralischen Prinzip. Nach dem **technischen Prinzip** (Seiryoku-zenyo, **精力善用**) sollen Körper/Kraft und Geist bestmöglich eingesetzt werden – mit möglichst geringem Einsatz soll ein möglichst großer Nutzen erzielt werden. Das **moralische Prinzip** (Jita-kyoei, **自他共栄**) verdeutlicht, dass Judo dem gegenseitigen Wohlergehen dienen soll, letztlich der positiven Entwicklung der Gesellschaft. *Kano* hatte also den Anspruch, Judo nicht bloß als eine Möglichkeit zur persönlichen (körperlichen) Verteidigung zu sehen, sondern darüber hinaus sollte Judo die gesamte Gesellschaft fördern. Die Tatsache, dass für *Kano* neben der Judo-Praxis auch Vorträge für und Diskussionen mit Judoka zentrale Bestandteile des Judo waren, belegt, dass er nicht bloß eine „Sportart" erfinden wollte, sondern dass Judo ebenso der Erziehung dienen sollte. Dieser Aspekt kommt leider im heutigen Judo-Training etwas zu kurz, obwohl er ein Alleinstellungsmerkmal gegenüber vermutlich allen anderen Sportarten ist.

Zwar besann sich *Kano* in dem damaligen gesellschaftlichen Umbruch Japans und dessen Öffnung zur westlichen Weltanschauung auf die „alten" Kampfkünste zurück, er hatte jedoch das Verständnis eines internationalen Beitrags von Judo zur Völkerverständigung. Dies zeigt sich an seinen insgesamt zwölf Auslandsreisen und seiner Mitgliedschaft im IOC. Fremd war ihm dagegen der aufkommende Nationalismus und dessen Missverständnis des Bushido[17]. Andererseits sah *Kano* die in den 1920er Jahren stattfindende Entwicklung von Budo hin zu einer (reinen) Sportart mit dem Schwerpunkt auf dem Gewinnen von Meisterschaften durch Wettkämpfe kritisch.

---

[17] Zum Bushido siehe Kapitel C I.

★ KAPITEL C ★

JUDO-WERTE

I. GESCHICHTLICHER HINTERGRUND DER JUDO-WERTE

Die heutigen Judo-Werte weisen grobe Parallelen mit dem Ehrenkodex der Samurai (Bushido) auf. Wie bereits zur historischen Entwicklung des Kodokan-Judo erläutert, umfasst der Oberbegriff Budo neben Judo verschiedene weitere japanische Kampfkünste[18].

Bushido („Weg des Kriegers", 武士道, kombiniert aus den Kanji „bu" und „shi" ((professioneller) Krieger) sowie „do" (Weg, Prinzip)) bezeichnet allgemein nicht nur das Repertoire an Techniken, sondern auch, als philosophisches Prinzip, die Selbstverwirklichung. Im weiteren Sinne handelt es sich um einen Ehrenkodex der Samurai, der in gewisser Weise mit den ritterlichen Tugenden des Mittelalters vergleichbar ist.

Um den Bushido zu verstehen, ist es erforderlich, sich seine historische Entwicklung zu vergegenwärtigen: In der Kamakura-Ära (鎌倉時代,

18 Siehe Kapitel A I.

1185 bis 1333) hatten die Samurai ihre Bräuche und Regeln noch nicht kodifiziert. 1616 erwähnte eine Chronik der militärischen Erfolge des Takeda-Stammes erstmals diesen Begriff. Seine moderne Bedeutung als Ehrenkodex der Samurai erlangte der Bushido jedoch erst im 20. Jahrhundert.

Prägend für die frühere Samurai-Kultur war die Ehre, auf der die gemeinsame Identität der Samurai beruhte. Dem entsprechend entwickelten sich Regeln, die die Beziehungen der Samurai untereinander und zu anderen Bevölkerungsschichten bestimmten. Die sieben Tugenden des Bushido waren Ehre (Meiyo, 名誉), Etikette/Höflichkeit (Rei, 礼), Aufrichtigkeit (Gi, 義), Mut (Yu, 勇), Wahrhaftigkeit (Makoto, 誠), Pflichtbewusstsein (Chugi, 忠義) und Menschlichkeit (Jin, 仁). Das Streben nach Ehre beziehungsweise das Vermeiden von Schande war untrennbar mit Heldenmut und Tapferkeit verbunden – bis hin zur rituellen Selbsttötung (Seppuku, 切腹).

Selbst *Isao Inokuma* (猪熊 功, 1938 bis 2001), der erste Judo-Olympiasieger im Schwergewicht 1964 in Tokyo, beging 2001 Seppuku, als Tokai Construction (東海建設株式会社), deren Vorstandsvorsitzender er war, in wirtschaftliche Schwierigkeiten geriet.

Allerdings waren diese Regeln nicht auf militärische Aspekte beschränkt, vielmehr galt es, ein Gleichgewicht zwischen militärischen und kulturellen Idealen zu erreichen: Man erwartete von einem Samurai, dass er sowohl Meister des Kampfes als auch der Künste war. Dieser Exzellenzanspruch an moderne Budoka ist prinzipiell derselbe – körperliche und geistige Stärke, eine umfassende, leidenschaftliche und freundliche Persönlichkeit sowie ein hohes Maß an Wahrnehmung und Einsichtsfähigkeit. Alleinige physische Stärke entspricht nicht dem Ideal, weil die Ausbildung des Kriegers ein Gleichgewicht verlangt. Spirituelle, technische und intellektuelle Kultivierung werden nicht als separate Teile angesehen, sondern als Komponenten eines gemeinsamen Ganzen. Daher überrascht es nicht, dass es in der japanischen Kultur viele (intellektuelle)

Wege („do") gibt, um etwas zu studieren (wie zum Beispiel auch Ikebana/Kado, Sado oder Shodo (Kalligraphie, 書道)).

Das „Buch der fünf Ringe" (Gorin no Sho, 五輪書), das eine prägende Veröffentlichung und damit eine frühe „Kodifizierung" des Bushido ist," stammt von *Miyamoto Musashi* (宮本 武蔵, 1584 bis 1645), der es 1645 vollendete. *Musashi* war ein Ronin (herrenloser Samurai, 浪人), der unter anderem für seinen Kampfstil mit zwei Schwertern bekannt war – aber in seinem späteren Leben auch ein Philosoph. In seinem Buch, das fünf Kapitel umfasst („Erde", „Wasser", „Feuer", „Wind" und „Leere"), betont *Musashi*, dass es sich bei Bushido um eine lebenslange Aufgabe handele, die umfassend und nicht allein auf Kriegsführung bezogen zu verstehen sei. Zwar sieht er Bushido – verglichen mit anderen „Do" nicht als überlegen an, für *Musashi* steht der Sieg im Bushido aber über allen anderen Zielen.

„Hagakure" (übersetzt: „Hinter den Blättern", 葉隠) schrieb *Tsunetomo Yamamoto* (山本常朝, 1659 bis 1719), ebenfalls ein Samurai, der später ein Zen-Mönch wurde, 1716. Es besteht aus ungefähr 1.300 Aphorismen bzw. Aufzeichnungen, die in elf Kapiteln zusammengefasst sind und sich im Wesentlichen mit den Menschen, der Geschichte und der Kultur des Saga-Stammes beschäftigt. Das Leitmotiv des „Hagakure" ist das der absoluten Loyalität bis hin zum Bereitsein zu sterben (im Rahmen der Pflichterfüllung), der „Weg des Kriegers" offenbart sich hier im Sterben.

Dieses Verständnis der Selbstaufopferung passte gut in das Verständnis vieler Japaner Anfang des 20. Jahrhunderts bis zum Zweiten Weltkrieg. Daher verwundert es nicht, dass Kamikaze-Piloten („Göttlicher Wind", 神風), häufig eine Taschenbuchausgabe des „Hagakure" dabeihatten, als sie zu ihren Suizid-Missionen aufbrachen.

Allerdings kann die Faszination vom Tod auch als lebensbejahend interpretiert werden: Wer so lebt, als könne er jeden Moment sterben, wird jede Sekunde seines Lebens wertschätzen und sinnvoll einsetzen.

Am Ende des 19. Jahrhunderts breitete sich in Japan ein starker Nationalismus aus. Japan hatte im Ersten Japanisch-Chinesischen Krieg (Nisshin senso, 日清戦争, 25. Juli 1894 bis 17. April 1895) das Kaiserreich China in Korea besiegt. Zehn Jahre später besiegte Japan das Russische Kaiserreich im Russisch-Japanischen Krieg (8. Februar 1904 bis 5. September 1905). Wiederum war der Einfluss auf Korea Kriegsgrund. Zuvor hatte Japan eine Wehrpflicht eingeführt und sowohl Heer als auch Marine modernisiert – als Vorbilder dienten die preußische Armee sowie die Royal Navy des Vereinigten Königreichs. Diese Entwicklung bestärkte das japanische Selbstbewusstsein und imperialistische Strömungen in der japanischen Gesellschaft. Bis zum Ende des Zweiten Weltkriegs wurde Japan zu einer beherrschenden Militärmacht in Ostasien.

Durch den damaligen Nationalismus in Japan erstarkte auch Sumo zum „Nationalsport". In Deutschland gehörten die Sumotori als Untergruppe lange Zeit dem DJB an. Im Amateurbereich kommen viele Sumotori ursprünglich vom Judo.

1899 erschien *Inazo Nitobes* (新渡戸 稲造, 1862 bis 1933) Buch „Bushido: Die Seele Japans" (zuerst auf Englisch („Bushido: The Soul of Japan"), anschließend auf Japanisch), das schnell zu einem Bestseller wurde und scheinbar Erklärungen für die Erfolge Japans präsentierte.

Nitobe stammte aus einer Samurai-Familie, sein Vater unterrichtete unter anderem Ju-Jutsu. Er war sehr gebildet, nach einer (internationalen) Karriere als Beamter und Professor wurde *Nitobe* schließlich Vizegeneralsekretär des Völkerbundes. In „Bushido" beschreibt er sieben Tugenden (Gerechtigkeit, Höflichkeit, Mut, Ehre, Menschlichkeit, Aufrichtigkeit und Loyalität) als moralisches Rückgrat Japans. Da *Nitobe* (zunächst) für eine westliche Leserschaft schrieb und ihm Völkerverständigung wichtig war, verglich er diese Tugenden mit den Idealen des mittelalterlichen Rittertums und des Christentums. Ebenso flossen Bezüge zur westlichen Philosophie und Literatur ein. Das Buch prägt bis heute das westliche Verständnis des Bushido, obwohl *Nitobe* kein Historiker war und wohl eher seine eigene (internationale) Interpretation des Bushido entwarf. Insoweit dürfte es von Vorteil gewesen sein, worauf *Nitobe* auch hinweist, dass die Regeln des Bushido nicht kodifiziert waren, sondern von einer Generation an die nächste im Rahmen der Erziehung weitergegeben wurden.

Das Portrait *Nitobes* befand sich auf der Vorderseite der 5.000-Yen-Banknoten (D-Serie), die zwischen November 1984 und Oktober 2004 ausgegeben wurden.

Nachdem es in Japan veröffentlicht worden war, führte es dort ebenfalls zu einem starken Interesse an den Kampfkünsten – sowohl in Schulen, bei der Polizei und Armee als auch in privaten Dojo. In demselben Jahr hatte der Butokukai, der Großjapanische Kampfkünste-verband (Dainippon Butokukai (大日本武徳会)), das Butokuden errichtet. Dieser Verband mit Sitz in Kyoto (京都市) war 1895 gegründet worden, um im Auftrag der Regierung die einzelnen Kampfkunstschulen unter einem Dach zu vereinen und einheitliche Standards zu schaffen, gleichzeitig aber auch das Budo-Erbe gegenüber modernen Einflüssen zu verteidigen.

Wegen der engen Verbindung zur Kaiserfamilie ernannte der Butokukai wichtige Personen des öffentlichen Lebens zu Verwaltungsratsmitgliedern. Innerhalb des ersten Jahrzehnts stieg die Anzahl der Mitglieder von 1.800 auf über eine Million. Dies zeigt den erheblichen Einfluss der Kampfkünste (beziehungsweise des Butokukai) auf die damalige japanische Gesellschaft. *Jigoro Kano* gehörte ebenfalls dem Steuerungskomitee des Butokukai an und war für dessen Jujutsu-Abteilung zuständig. 1899 wurde *Kano* Präsident des Butokukai; *Hajime Isogai* ((磯貝 一, 1871 bis 1947, Mitbegründer des Kosen-Judo sowie einer den wenigen Träger des zehnten Dan) war dort ebenfalls als Kodokan-Lehrer tätig.

Nachdem Japan seine Kriege sowohl gegen China als auch gegen Russland gewonnen hatte, förderte vor allem *Tetsujiro Inoue* (井上 哲次郎, 1856 bis 1944), ein Philosophie-Professor in Tokyo, intellektuell die (imperialistische) Auslegung des Bushido im Sinne von Vaterlandsliebe und Ergebenheit gegenüber dem Tenno. Im Gegensatz zu *Nitobe* lehnte er das Christentum ab, sah das japanische Volk als dem Westen überlegen an und befürwortete den japanischen Imperialismus. Das japanische Militär knüpfte an den Kampfgeist und Stolz der Samurai an, sodass sich das Verständnis des Bushido zu einem Fanatismus entwickelte, der im Zweiten Weltkrieg zu Kamikaze-Missionen, einer Verachtung gegenüber Kriegsgefangenen und zu einer Selbstaufopferungsmentalität, die Ergeben als Alternative ausschloss, führte.

Parallelen zu den Werten des Bushido zeigen sich auch in *Kanos* wesentlichen Judo-Prinzipien, dem technischen und dem moralischen Prinzip. *Kano* sah im Judo nicht nur einen sportlichen, sondern auch einen pädagogischen Nutzen. Er verstand das moralische Prinzip des Judo[19] allerdings nicht auf Japan beschränkt, sondern Judo sollte neben seinen erzieherischen Aspekten auch der Völkerverständigung dienen. Dementsprechend setzte sich *Kano* zeitlebens dafür ein, dass Japan Gastgeber der Olympischen Spiele werden möge. Wie bereits erwähnt, war er zwar insoweit erfolgreich, als dass sie 1940 in Tokyo stattfinden sollten, wegen des Zweiten Weltkriegs aber erst 1964 - auch mit Judo als Olympischer Sportart - tatsächlich dort stattfanden.

Die **Judo-Werte** entstanden deutlich später: 1985 konzipierte *Bertrand Midan* (1917 bis 1994) für den französischen Judoverband (Fédération Française de Judo et Disciplines Associées (FFJDA)) einen Verhaltenskodex (Code moral) unter Beteiligung des Japaners *Shozo Awazu*. *Midan* griff dabei auf den Ehrenkodex des französischen Dan-Kollegiums von *Jean-Lucien Jazarin* (1900 bis 1982) zurück, der die Werte unter Bezug auf *Nitobes* „Bushido" entwickelt hatte. Die französischen Judo-Werte sind Höflichkeit, Freundschaft, Selbstbeherrschung, Mut, Ehre, Bescheidenheit, Ehrlichkeit und Respekt.

---

[19] Siehe Kapitel B.

Auch für die IJF und ihre Judoka gelten diese Werte: Allgemein kann bei Wettkämpfen eine Handlung, die gegen den Geist des Judo verstößt, mit Hansoku-make (Disqualifikation, 反則負け) geahndet werden.

Der DJB kennt keinen allgemeinen Ehrenkodex, sondern nur einen für Trainer, der vor allem dem Schutz von Kindern und Jugendlichen dient.

Inzwischen verlangen Judo-Vereine von ihren Trainern, polizeiliche Führungszeugnisse einzureichen, um das Risiko sexuellen Missbrauchs von Kindern zu minimieren.

Die heute bekannten Judo-Werte des DJB gibt es seit 2002. Sie sind aus den „französischen" Judo-Werten hervorgegangen und sollen die (pädagogischen) Vorstellungen *Kanos* prägnant – insbesondere jungen Judoka – veranschaulichen. Zwar sind die deutschen Judo-Werte nicht mit den acht der FFJDA und der IJF identisch: Sie sind Höflichkeit, Hilfsbereitschaft, Ernsthaftigkeit, Ehrlichkeit, Respekt, Bescheidenheit, Wertschätzung, Selbstbeherrschung, Mut und Freundschaft. In der Sache dürften allerdings keine Unterschiede bestehen: Letztlich basieren alle Werte auf dem moralischen Prinzip des Judo, auch wenn die Auslegung – wie die des Bushido – dem jeweiligen Zeitgeist unterliegt.

II. DIE EINZELNEN JUDO-WERTE DES DJB

Soweit ersichtlich existieren vergleichbare Werte in keinen anderen Sportarten. Diese pädagogischen Leitbilder sollen gerade Kinder beim Judolernen prägen, jedoch alle Judoka lebenslang begleiten.

Dies zeigt sich wiederum daran, dass der DJB im Olympia-Jahr 2024 eine Kampagne zu den Judo-Werten insbesondere im Internet starten wird. Deren Ziel ist soll es sein, zur Demokratisierung im Sport und in der Gesellschaft beizutragen. Die Kampagne wird vom Bundesprogramm gegen

Rechtsextremismus und Menschenfeindlichkeit im Sport von der Deutschen Sportjugend und dem Bundesministerium des Innern und für Heimat.

Im Einzelnen beschreibt der DJB seine Judo-Werte – jeweils durch ein bebildertes Beispiel – wie folgt:

Höflichkeit: Behandle Deine Trainingspartner und Wettkampfgegner wie Freunde. Zeige Deinen Respekt gegenüber jedem Judo-Übenden durch eine ordentliche Verbeugung.

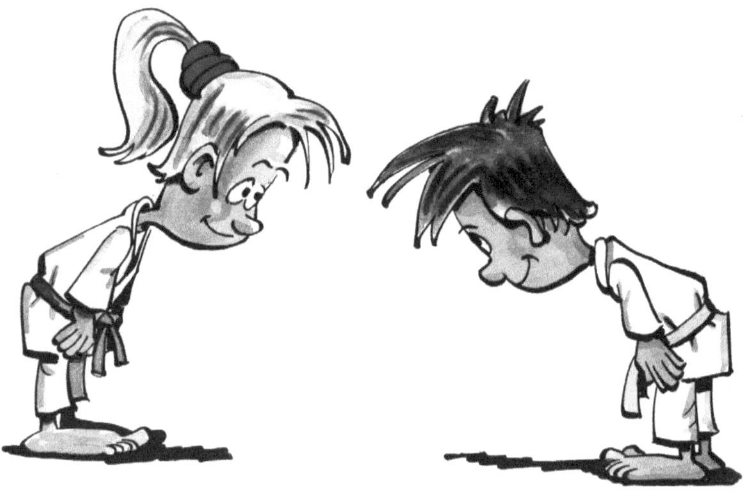

Abbildung 6: Bildhafte Darstellung des Judo-Wertes „Höflichkeit" (Abdruck mit freundlicher Zustimmung des DJB)

Hilfsbereitschaft: Hilf Deinem Partner, die Techniken korrekt zu erlernen. Unterstütze als Höhergraduierter/Trainingsälterer die Anfänger. Hilf den Neuen, sich in der Gruppe zurechtzufinden.

Ernsthaftigkeit: Sei bei allen Übungen und im Wettkampf konzentriert und voll bei der Sache. Entwickle eine positive Trainingseinstellung und übe fleißig.

Ehrlichkeit: Kämpfe fair, ohne unsportliche Handlungen und ohne Hintergedanken.

Respekt: Begegne Deinem Lehrer und den Trainingsälteren zuvorkommend. Erkenne die Leistungen derjenigen an, die schon vor Deiner Zeit Judo betrieben haben.

Bescheidenheit: Spiele Dich selbst nicht in den Vordergrund. Sprich über Deinen Erfolg nicht mit Übertreibung. Orientiere Dich an den Besseren und nicht an denen, deren Leistungsstand Du bereits erreicht hast.

Wertschätzung: Erkenne die Leistung jedes anderen an, wenn dieser sich nach seinen Möglichkeiten ernsthaft anstrengt.

Selbstbeherrschung: Achte auf Pünktlichkeit und Disziplin bei Training und Wettkampf. Verliere auf der Matte nie die Beherrschung, auch nicht bei Situationen, die Du als unfair empfindest.

Mut: Nimm im Randori und Wettkampf Dein Herz in die Hand. Gib Dich niemals auf, auch nicht bei einer drohenden Niederlage oder bei einem scheinbar übermächtigen Gegner.

Freundschaft: Achte all diese Werte und alle Menschen. Dann wirst Du beim Judo unweigerlich Freunde finden.

III. ANGRÜSSEN IM JUDO

Einleitung

Das An- und Abgrüßen (**Rei**, 礼) – eine Verbeugung – ist Ausdruck von Höflichkeit sowie gegenseitigem Respekt der Judoka und spiegelt somit diese Judo-Werte wider. Für Zuschauer eines Judo-Wettkampfs (Shiai, 試合) mag dieses Verhalten ein mit Höflichkeit und Fairness verbundenes Unterscheidungsmerkmal zu anderen Sportarten sein, für Japaner ist es etwas Alltägliches: Denn im Alltag in Japan, in dem viel Wert auf Etikette und Höflichkeit gelegt wird, ist das Verbeugen die übliche Grußform, wie in Deutschland der Handschlag. Diese Geste ist weder ein Zeichen von Demut, noch wohnt ihr eine religiöse Bedeutung inne. Für Japaner ist sie aber ein wichtiges Indiz für den Beziehungsstatus zweier Menschen zueinander.

Deutlich wird dies auch, wenn man zum Beispiel das Kodokan in Tokyo besucht. Denn man wird auf dem Weg zum Eingang vermutlich sehen können, dass einige Passanten, insbesondere Schüler, die die vor dem Eingang platzierte Statue von *Kano* passieren, kurz stehenbleiben und sich vor ihr verbeugen. Aber auch in Deutschland ist vor einigen Jahren das Verbeugen zweier Judoka als Motiv der Kampagne „Beim Sport gelernt" des Landessportbundes Nordrhein-Westfalen erfolgreich eingesetzt worden, um die Respekterweisung zu veranschaulichen.

Im Judo (sowie in anderen Budo-Arten) verbeugt man sich üblicherweise beim Betreten des Dojo, zum Beginn der Trainingseinheit beziehungsweise wenn man konkret mit einem Partner zu trainieren beginnt. Ferner verbeugen sich Wettkämpfer voreinander beziehungsweise Judoka, die eine Kata demonstrieren.

Für *Kano* war das Verbeugen in erster Linie Ausdruck von Dank und Respekt gegenüber dem jeweiligen Partner: Man bedankt sich bei seinem Partner dafür, dass dieser einem die Gelegenheit gegeben hat, sein Judo zu verbessern. Schließlich spiegelt sich in dem Angrüßen das moralische Prinzip des gemeinsamen Wohlergehens wider. Dies zeigt sich ebenfalls in den bebilderten Judo-Werten des DJB: Um den Wert der Höflichkeit zu demonstrieren, verbeugen sich zwei Judoka zueinander[20].

Man unterscheidet zwei Arten von Angrüßen: Das Verbeugen im Stehen (Ritsu-rei, 立礼) und im Sitzen (Za-rei, 座礼), wobei letzteres die förmlichere Version ist. Welche Bedeutung dieses Ritual vor allem in Japan

[20] Siehe dazu Abbildung 6.

hat, erkennt man (auch) daran, dass viele japanische Judo-Lehrbücher ausführlich das korrekte Angrüßen erläutern.

Beim **Ritsu-rei** stehen sich beide Judoka gegenüber, die Fersen berühren sich, die Füße sind in einem Winkel von ungefähr 60 Grad geöffnet. Man beugt den Oberkörper um 30 Grad nach vorne, wobei der Blick ebenfalls gesenkt wird. Die Hände gleiten von der Seite auf der Hose nach vorne, bis die Fingerspitzen fast die Knie berühren. Je nach Bedeutung ist das Innehalten nur kurz oder kann ein paar Sekunden dauern.

Beim **Za-rei** knien sich beide Judoka ab, wobei man zunächst das linke und dann das rechte Bein abkniet (Saza-uki). Die Zehen sind zunächst noch aufgestellt, werden aber vor dem Setzen abgelegt, wobei die großen Zehen (fast) übereinanderliegen. Zwischen den Knien befindet sich ein Abstand von ungefähr zwei Fäusten. Die Arme liegen am Körper, die Handflächen befinden sich auf den Oberschenkeln. Beim Abbeugen des Oberkörpers gleiten die Hände über die Oberschenkel nach vorne auf die Tatami und bilden ein gleichschenkliges Dreieck beziehungsweise ähneln dem Kanji für die Zahl acht (Hachi, 八). Kopf und Nacken bilden eine gerade Linie mit dem Rücken. Anschließend geht man in die frühere Sitzposition zurück und steht auf, allerdings in umgekehrter Reihenfolge, also zuerst mit dem rechten und dann mit dem linken Fuß.

Der Ablauf des Angrüßens ist schlicht vereinbart, eine besondere Begründung gibt es nicht: 1942 beschloss das Kodokan aufgrund eines Erlasses des japanischen Erziehungsministeriums für Budo, dass man zunächst mit dem linken und dann mit dem rechten Fuß abkniet. Vorher war die umgekehrte Reihenfolge (Uza-saki) üblich. Auch das Ablegen der Zehen geschieht erst seit Mitte des 20. Jahrhunderts. Die ursprüngliche Version existiert noch in der Koshiki-no-kata. Die gelegentlich zu hörende Begründung, dass das Abknien zuerst mit dem linken Fuß aufgrund der von Samurai links getragenen Katana geschehe, ist somit nicht zutreffend.

Rei im Training

Das Verbeugen im Stand wird üblicherweise beim Betreten und Verlassen des Dojo ausgeführt (Shomen-ni-rei, 正面に礼). Beim Trainingsbeginn begrüßen sich Lehrer und Schüler im Sitzen, dies gilt ebenso für das Abgrüßen zum Trainingsende. Hierzu bilden die Schüler eine Reihe (nach Rang geordnet) gegenüber dem Lehrer. Üblicherweise wird eine Phase der Konzentration beziehungsweise Meditation mit dem Kommando „Mokuso" (黙想) begonnen und mit „(Mokuso) Yame" (止め) beendet, nach dem Kommando „(Sensei-ni-)Rei" (先生に礼) von dem ersten Judoka in der Reihe verbeugen sich Schüler und Lehrer voreinander. Sinn dieses Rituals ist es, sich zu Trainingsbeginn vom Alltag zu lösen und auf das Training zu konzentrieren, zum Trainingsende soll man eventuell angestaute (belastende) Gefühle ablegen.

Rei im Wettkampf

Das Verbeugen im Wettkampf ist ausdrücklich in den DJB-Kampfregeln[21] aufgeführt. Beide Wettkämpfer können sich verbeugen, wenn sie die Wettkampffläche betreten oder verlassen. Vor dem Beginn des Kampfes verbeugen sich beide Judoka gleichzeitig zueinander, nachdem der Kampfrichter sie aufgefordert hat, auf ihre Ausgangsposition zu gehen.

> Früher war es üblich, dass beide Judoka ihre Hände mit offenen Handflächen erhoben, um zu zeigen, dass sie unbewaffnet waren.

Ebenso wie bei Kata-Demonstrationen erfolgt der Eröffnungsschritt mit dem linken Fuß, beim Abgrüßen am Ende des Kampfes umgekehrt der Rückwärtsschritt mit rechts. Hierbei ist es sehr wichtig, die Verbeugung zu respektieren und in einer korrekten Weise auszuführen. Leider gibt es immer wieder Negativbeispiele, selbst bei internationalen Begegnungen,

---

21 Zu den Kampfregeln siehe Kapitel I.

indem Wettkämpfer sich nicht oder nicht korrekt verbeugen, obwohl sie dazu vom Kampfrichter aufgefordert wurden. Man sollte neben dem selbstverständlichen sportlichen Fairplay auch daran denken, dass der Kampfrichter jede Handlung gegen den Geist des Judo sofort mit einer Disqualifikation bestrafen kann.

Rei in den Kata

Grundsätzlich sehen die Kodokan-Kata[22] vor, dass beide Judoka sich zunächst im Stand vor Joseki (Lehrerseite in Dojo, 上席) verbeugen, sich anschließend zueinander drehen und sich im Sitzen verbeugen, wie dies bereits beschrieben wurde. Nur bei der Koshiki-no-kata grüßen sich die beiden Partner (Tori und Uke)[23] in der ursprünglichen Art an, nachdem sie sich vor Joseki verbeugt haben. Dazu stehen sich beide schulterbreit gegenüber, die Füße sind nicht geschlossen nebeneinander. Anschließend setzen sie erst das linke, danach das rechte Knie auf die Tatami und kippen anschließend mit geradem Rücken in den „Vierfüßlerstand" nach vorne. Das Aufstehen erfolgt wiederum umgekehrt, das heißt, erst mit dem rechten und dann mit dem linken Fuß.

Literaturempfehlungen zur Vertiefung:

Alexander Bennett, JAPAN – The Ultimate Samurai Guide, Tokyo 2018 (Englisch)

Inazo Nitobe, Bushido – Die Seele Japans, Frankfurt am Main 2003

Bruno Tsafack, Das Wertesystem im Judo und seine Erziehungsaufgabe, Aachen 2015

---

22 Zu den Kodokan-Kata siehe Kapitel K.

23 Zu den Bezeichnungen Tori und Uke siehe Kapitel H.

★ KAPITEL D ★

JUDO-ORGANISATIONEN

I. KODOKAN JUDO INSTITUTE

Jigoro Kano gründete 1882 das Kodokan Judo Institute (公益財団法人講道館) – kurz: Kodokan („Halle zum Studium des Weges") –, das sich heute in einem modernen achtstöckigen Gebäude in Tokyo befindet. Das Kodokan ist die weltweite Autorität für die Sportart Judo, insbesondere für die diversen Judo-Verbände. In dem Hochhaus befinden sich neben fünf Dojo auch Konferenzräume, eine Jugendherberge, eine Judo-Bibliothek und ein Judo-Museum. Besucher können von der Tribüne aus zuschauen, gegen eine Gebühr mittrainieren oder diverse Judo-Artikel im Eingangsbereich kaufen.

Neben dem Hauptsitz des Kodokan in Tokyo existiert das Kodokan Osaka International Judo Center als Zweigniederlassung.

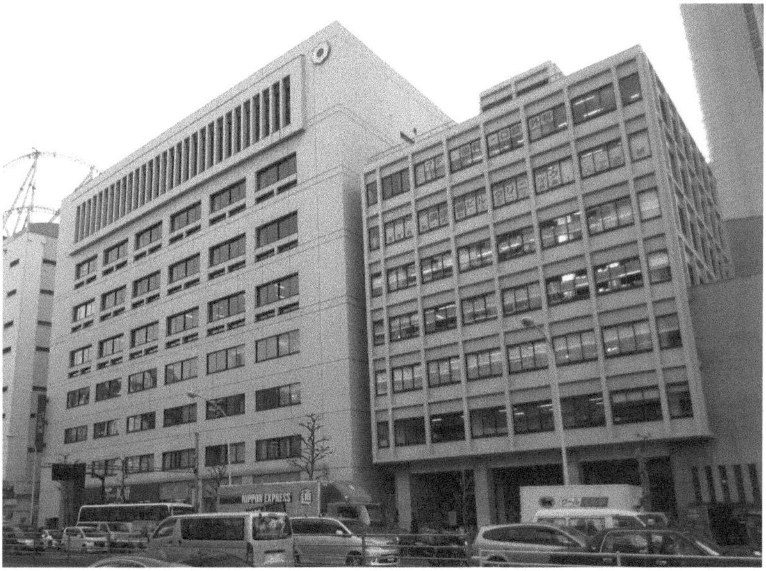

Abbildung 7: Kodokan in Tokyo

Kano leitete das Kodokan bis zu seinem Tod 1938. Seit 2009 ist *Haruki Uemura* (上村春樹, 1951 geboren), Weltmeister 1975 und Olympiasieger 1976, der Präsident des Kodokan.

Das Kodokan-Logo, das 1940 entworfen wurde, stellt keine Kirschblüte, sondern einen alten Spiegel dar. Der rote Kreis soll einen glühenden Eisenkern symbolisieren, der mit weißer Seide umwickelt ist. Die weiche, reine Seide steht im Kontrast zu dem Eisen, das mit jeder Bearbeitung härter und reiner wird. Dieses Logo soll den Geist der Kodokan-Mitglieder repräsentieren: Gai-ju-nai-go (Gut trainierte Fähigkeiten und ein starker Geist nach innen sowie ein ruhiges und höfliches Erscheinungsbild nach außen).

II. INTERNATIONAL JUDO FEDERATION

Die International Judo Federation (IJF) mit Sitz in Budapest wurde 1951 gegründet. Dieser gemeinnützige Verein besteht aus ungefähr 200 kontinentalen und nationalen Judo-Verbänden. Er hat sich zum Ziel gesetzt, die Interessen des Judo international zu vertreten, die Zusammenarbeit der Verbände zu unterstützen sowie die Regeln für Judo-Wettkämpfe zu verbessern. Seit 2007 ist *Marius Vizer* (1958 geboren) Präsident der IJF. Laut der IJF soll es weltweit mehr als 20 Millionen aktive Judoka geben.

Die IJF organisiert seit 2009 die **Judo-Weltmeisterschaften**, die seit 1956 stattfinden und neben den Olympischen Spielen die bedeutendsten Judo-Wettkämpfe sind.

Die ersten Weltmeisterschaften im Judo fanden 1956 in Tokyo statt, damals nur mit einer Gewichtsklasse. 1961 bei den Weltmeisterschaften in Paris wurden erstmals Gewichtsklassen eingeführt. Die ersten Weltmeisterschaften, an denen auch Frauen teilnehmen durften, waren 1980 in Atlanta (USA). Erst seit 1992 dürfen auch weibliche Judoka an den Olympischen Spielen teilnehmen. Seit 2017 gibt es auch Weltmeisterschaften für gemischte Mannschaften. Als paralympische Sportart wurde Judo 1988 bei den Paralympics in Seoul eingeführt.

Letzter Gastgeber der Weltmeisterschaften war 2023 Doha (Katar). Die insgesamt erfolgreichsten Nationen bei Judo-Weltmeisterschaften sind Japan, Frankreich und Südkorea.

In Deutschland fanden die Judo-Weltmeisterschaften 1971 in Ludwigshafen, 1987 in Essen und 2001 in München statt. Deutsche Weltmeister sind *Detlef Ultsch* (1979 in Paris und 1983 in Moskau), *Andreas Preschel* (1983 in Moskau), *Daniel Lascau* (1991 in Barcelona (Spanien)), *Udo Quellmalz* (1991 in Barcelona, 1995 in Chiba (千葉市, Japan)), *Florian Wanner* (2003 in Osaka (大阪市, Japan)) und *Alexander Wieczerzak* (2017 in Budapest). Deutsche Weltmeisterinnen waren beziehungsweise sind *Barbara Claßen* (1982 in Paris), *Alexandra Schreiber-Little* (1987 in Essen), *Frauke Eickhoff* (1991 in Barcelona), *Johanna Hagn* (1993 in Hamilton (Kanada)) und *Anna-Maria Wagner* (2021 in Budapest).

Neben den Weltmeisterschaften veranstaltet die IJF seit 2009 die **World Tour**, die aus mehreren Grand Slams und Grands Prix besteht und insbesondere zur Qualifikation für die Olympischen Spiele wichtig ist. Das größte Renommée genießen die Turniere in Paris (das von 1971 bis 2008 als „Tournoi de Paris" im Palais Omnisports de Paris-Bercy ausgetragen wurde und noch immer der erste Judo-Höhepunkt des Jahres für internationale Wettkämpfer ist) und Tokyo (das früher als „Jigoro Kano Cup Tokyo International Judo Tournament" (Kano Jigoro Hai Tokyo Kokusai Judo Taikai, **嘉納治五郎杯東京国際柔道大会**) durchgeführt wurde und im Nippon Budokan (**日本武道館**) von 1978 bis 2006 als passendem Veranstaltungsort stattfand).

2023 fanden Grands Prix in Almada (Portugal), Linz (Österreich), Duschanbe (Tadschikistan), Zagreb (Kroatien) und Perth (Australien) sowie Grand Slams in Paris, Tel Aviv (Israel), Taschkent (Usbekistan), Tiflis (Georgien), Antalya (Türkei), Astana (Kasachstan), Ulaanbaatar (Mongolei), Baku (Aserbaidschan), Abu Dhabi (Vereinigte Arabische Emirate) und Tokyo statt.

In Deutschland wurden Grands Prix in Hamburg (2009) und Düsseldorf (2010 bis 2017) ausgerichtet. Von 2018 bis 2020 war das Turnier in Düsseldorf (die Stadt in Deutschland mit den meisten japanischen Einwohnern und der drittgrößten japanischen Gemeinde in Europa) ein Grand Slam; aus Kostengründen findet es jedoch nicht mehr statt. Trotzdem wird die Ausrichtung von Großveranstaltungen in Deutschland weiter diskutiert. Für 2025 sind die World University Games in Nordrhein-Westfalen geplant.

III. EUROPEAN JUDO UNION

Die European Judo Union (EJU) ist einer der Kontinentalverbände der IJF. Sie wurde 1948 gegründet und hat ihren Sitz in Wien (Österreich). Ihr gehören 51 nationale Verbände an, unter anderem auch der Deutsche Judo-Bund. Seit 2022 ist *Lászlo Tóth* (1960 geboren) ihr Präsident. Die EJU setzt die Regeln der IJF sowie des IOC in Europa durch und vertritt die Interessen der ungefähr 2,3 Millionen Judoka in Europa.

Ferner setzt sich die EJU für die Einhaltung der Judo-Prinzipien in Europa ein und richtet unter anderem die **Europameisterschaften** aus. Diese finden seit 1951 (beziehungsweise seit 1975 auch für Frauen sowie seit 2018 für gemischte Mannschaften) statt. Austragungsorte in Deutschland waren Essen (1962), Berlin (1970), München (1975), Ludwigshafen (1977), Köln (1978), Rostock (1982), Pirmasens (1984), Frankfurt am Main (1990) und Düsseldorf (2003).

1962 starteten die Judoka des DJB und des DJV bei den Europameisterschaften in Essen als eine deutsche Mannschaft, allerdings verzichteten sie auf Flaggen und Nationalhymnen.

Deutsche Europameister waren beziehungsweise sind *Franz Sinek* (1957), *Matthias Schießleder* (1960), *Heinrich Metzler* (1960 und 1961), *Herbert Niemann* (1961, 1962 und 1964), *Klaus Glahn* (1963 und 1970), *Karl Nitz* (1963), *Wolfgang Hofmann* (1965 und 1968), *Alfred Meier* (1965), *Peter Herrmann* (1967 und 1968), *Rudolf Hendel* (1970 und 1971), *Klaus Henning* (1970), *Helmut Howiller* (1971), *Dietmar Hötger* (1972 und 1973), *Günter Krüger* (1974 und 1978) *Torsten Reißmann* (1975, 1978, 1980 und 1982), *Dietmar Lorenz* (1975, 1977 und 1978 (auch in der offenen Klasse)), *Harald Heinke* (1978 und 1979), *Karl-Heinz Lehmann* (1981), *Henry Stöhr* (1982, 1986 und 1991), *Günther Neureuther* (1984), *Alexander von der Groeben* (1984 und 1985), *Frank Wieneke* (1986), *Guido Schumacher* (1990), *Stefan Dott* (1991), *Axel Lobenstein* (1991), *Marko Spittka* (1992), *Frank Möller* (1992), *Thomas Müller*

(1992), *Peter Schlatter* (1995), *Martin Schmidt* (1995), *Daniel Gürschner* (1998), *Ole Bischof* (2005) und *Andreas Tölzer* (2006).

Deutsche Europameisterinnen waren beziehungsweise sind *Sigrid Happ* (1975 bis 1977), *Christiane Kieburg-Bauer* (1976 bis 1979), *Eva Hillesheim* (1977), *Inge Berg* (1977 und 1978), *Gabriele Czerwinski* (1977), *Karin Krüger* (1978 und 1990), *Barbara Claßen* (1978 bis 1981, 1984), *Birgit Füchtmeyer* (geb. *Friedrich*, 1981), *Alexandra Schreiber-Little* (1988 und 1990), *Jana Perlberg* (1993), *Yvonne Wansart* (1997), *Johanna Hagn* (1997), *Raffaella Imbriani* (1998), *Katja Gerber* (1999 bis 2002), *Sandra Köppen-Zuckschwerdt* (2001 und 2002), *Katrin Beinroth* (2003), *Jenny Karl* (2004), *Heide Wollert* (2008), *Martyna Trajdos* (2015) und *Alina Böhm* (2022 und 2023).

Sandra Köppen-Zuckschwerdt war außerdem im Sumo eine sehr erfolgreiche Wettkämpferin, unter anderem wurde sie 1999, 2001, 2004 sowie 2005 Weltmeisterin und erlangte selbst in Japan große Bekanntheit.

IV. DEUTSCHER JUDO-BUND

Der Deutsche Judo-Bund (DJB) ist ein eingetragener Verein mit Sitz in Frankfurt am Main und aktuell ungefähr 120.000 Mitgliedern. Er wurde 1953 gegründet. Präsident ist seit 2022 *Thomas Schynol*.

Dem DJB gehören **18 Landesverbände** (grundsätzlich für jedes Bundesland ein Landesverband, nur in Baden-Württemberg und Rheinland-Pfalz existieren historisch bedingt jeweils zwei Verbände) mit insgesamt mehr als 2.000 Judo-Vereinen an. In den Anfangsjahren nahmen die Mitglieder rasant zu: Während 1960 ungefähr 20.0000 Judoka dem DJB angehörten, waren es 1980 knapp 190.000. Die Anzahl der Mitglieder hat sich leider in den letzten 20 Jahren von ungefähr 250.000 auf 125.000 Judoka halbiert. Nach dem pandemiebedingten Einbruch der Mitglieder zeigt der Trend seit 2023 erfreulicherweise wieder nach oben. Trotzdem ist es momentan eine der wichtigsten Aufgaben des DJB, Judo als attraktive Sportart in der Öffentlichkeit zu präsentieren, um vor allem kontinuierlich neue Mitglieder zu gewinnen und aktive Judoka als Mitglieder im Jugend- und Erwachsenenalter zu halten. Denn die meisten Judoka in Deutschland sind Kinder: Über 50 Prozent aller Mitglieder im DJB sind zwischen sieben und 14 Jahre alt. Auch die neuen Graduierungssysteme sollen dazu führen, dass Judoka langfristig „ihrer" Sportart treubleiben.

Gute Trainer in Judo-Vereinen besitzen **Judo-Trainer-Lizenzen**, die zwischen Breiten- und Leistungssport differenzieren und die die Trainer in den Stufen C bis A durch Prüfungen für jeweils vier Jahre erwerben können. Nur mittels bestimmter Fortbildungen, die ein aktuelles und einheitliches Niveau sicherstellen, können Judoka ihre Lizenzen verlängern. Die höchste Qualifizierung ist die des Diplom-Trainers, wofür ein eineinhalbjähriges Studium an der Trainerakademie erforderlich ist.

Gute Vereine können sich vom DJB zertifizieren lassen. Das **Vereinszertifikat** stellt der DJB jeweils für einen Zeitraum von zwei Jahren aus (aktuell 2024/2025) und bestätigt damit, dass der Verein bestimmte Anforderungen in verschiedenen Kategorien (Prävention sexueller und interpersoneller Gewalt, Verhaltensregeln und erweitertes polizeiliches Führungszeugnis, Trainer-Qualifikationen, Jugend- und Funktionärsnachwuchs, Fortbildungen, Freizeitaktivitäten, sportliche Nachwuchsförderung, Wettkampf- und Breitensport) erfüllt. Das Zertifikat wird in den Kategorien Silber, Gold und Platin ausgegeben.

Typischerweise dauert eine Trainingseinheit 90 Minuten bis zwei Stunden. Das Training für Kinder orientiert sich an deren Alter. Bei Jugendlichen und Erwachsenen wird eventuell differenziert, ob es sich um Technik-, Wettkampf- oder Kata-Training handelt. Üblicherweise beginnt ein allgemeines Training mit dem Angrüßen und besteht aus Aufwärmen, Techniktraining sowie Randori und einer Cooldown-Phase. Zum Schluss grüßt man gemeinsam ab. Wer sich für ein Probe-Training interessiert, sollte sich im Internet über einen lokalen Verein informieren und mit diesem Kontakt aufnehmen.

Bis 1990 hatten sich das DDK (Deutsches Dan-Kollegium) als weiterer Judo-Verband und der DJB die Aufgaben geteilt: Das DDK war für die Ausbildung und Prüfungen zuständig, der DJB konzentrierte sich auf Wettkämpfe. Dann kam es zwischen beiden zu finanziellen Streitigkeiten, der DJB schloss das DDK aus und man ging getrennte Wege. Weil das DDK – im Gegensatz zum DJB – kein Mitglied im Deutschen Olympischen Sportbund (DOSB) ist, besitzt es heute nur noch geringe Bedeutung. Am 2. Februar 1991 schlossen sich nach der Deutschen Einheit der DJV (mit knapp 40.000 Mitgliedern) und der DJB (mit knapp 140.000 Mitgliedern) zusammen.

Der DJB veranstaltet die **Deutschen Meisterschaften** sowie die (erste und zweite) **Judo-Bundesliga**.

Mit weitem Abstand der erfolgreichste Judo-Verein ist der TSV Abensberg, der 23-facher Deutscher Meister und siebenfacher Europameister ist.

In der ersten Bundesliga der Männer kämpften 2023 der Hamburger Judo-Team e.V., der JC 66 Bottrop e.V., der KSC Asahi Spremberg e.V., das Remscheider TV Judo Team, die Sport-Union Witten-Annen, der TSV Hertha Walheim, der UJKC Potsdam e.V., der 1. JC Samurai Offenbach 1953 e.V., der JSV Speyer, der Judo-Club Rüsselsheim, der Judoclub Leipzig, der KSV Esslingen, die TSG Backnang, der TSV Abensberg, der TV 1848 Erlangen und der VfL Sindelfingen. Deutscher Meister wurde 2023 der KSV Esslingen, der sich im Finale gegen die titelverteidigende Mannschaft aus Abensberg durchgesetzt hatte.

An den Playoffs der Bundesliga der Frauen nahmen der JC 66 Bottrop e.V., die JG Sachsenwald, der JSV Speyer, der Judo Club Wiesbaden 1922 e.V., der KSC Asahi Spremberg e.V., die Powerfrauen JC Leipzig, die TSG Backnang und der TSV Altenfurt teil. Das Finale gewann die TSG Backnang gegen den JSV Speyer und konnte damit ihren Titel aus dem Vorjahr verteidigen. Mit ihrem fünften deutschen Mannschaftstitel bewiesen die Frauen ihre dominierende Stellung der letzten Jahre.

Die **Nationalmannschaften** trainieren im Bundesleistungszentrum in Köln. Seit Dezember 2021 ist *Pedro Guedes* Bundestrainer der Männer und *Claudiu Pusa* der der Frauen.

Für Breitensportler bietet der DJB die **Judo-Safari** (für Kinder) sowie allgemein das **Judo-Sportabzeichen** an. Hierbei handelt es sich um Fitness- beziehungsweise Vielseitigkeitsprogramme, die Vereine in ihre Trainingseinheiten integrieren können. Judoka können so ihre Leistungen jenseits von Wettkämpfen und Gürtel-Graduierungen sowie unabhängig von ihrem Alter durch Urkunden und Abzeichen dokumentieren und vor allem verdeutlichen diese Aktionen die Vielseitigkeit dieser Sportart. Außerdem können Judoka mit dem Judo-Sportabzeichen seit 2017 bei Prüfungen für das (allgemeine) Deutsche Sportabzeichen den Bereich „Koordination" durch die erfolgreiche Absolvierung des Judo-Sportabzeichens ersetzen. Darüber hinaus organisiert der DJB viele Aktionen, die sich zwar allgemein an Breitensportler richten, von diesen aber bestimmte Ziel- und Altersgruppen berücksichtigen, so etwa die Judo-Sommerschule oder besondere Judo-Lehrgänge der Reihen „Top Tour", „Power Boys", „Ippon Girls", „Ippon Ladies" oder „Judo für Ältere".

Diese unterschiedlichen Aktionen zeigen die Vielfältigkeit von Judo. Während vor einigen Jahrzehnten Judo-Anfänger mit einem Schwerpunkt auf Fallschule wohl eher abgeschreckt wurden und das Training deutlich härter war (Judo wurde als Vollkontakt-Kampfsport vermarktet), sodass viele Judoka deswegen ihr Interesse an Judo verloren, hat sich dies zum Glück geändert. Auch wenn in der Öffentlichkeit vor allem Leistungssportler im Mittelpunkt der Medien stehen und Sportverbände natürlich durch internationale Erfolge größere Beträge an Fördermitteln erhalten, sind „normale" Sportler die Säulen der Vereine. Zudem müssen Judo-Vereine heutzutage auf Ganztagsschulen und ein vielfältiges Freizeitangebot für Kinder reagieren. Zum anderen lassen sich Interessen von Judoka sehr flexibel mit unterschiedlichen Trainingsangeboten abdecken: Sei es die spielerische Heranführung ans Judo für Kinder, Einführungen für Wiedereinsteiger oder „sanfte" Techniken für Ältere, traditionelles Kata- oder Techniktraining für Experten oder Randori-Einheiten für ambitionierte Wettkämpfer.

Der Judo-Fanclub ist das aktive Bindeglied zwischen den DJB-Nationalmannschaften und Judo-Fans: Er organisiert für seine Mitglieder Eintrittskarten für internationale Judo-Wettkämpfe sowie Fanreisen zu internationalen Judo-Großveranstaltungen (Olympische Spiele, Welt- und Europameisterschaften).

Seit 2009 gibt es den gemeinnützigen Verein **„Judoka für Judoka"**, der hilfsbedürftige (kranke oder verunfallte) Judoka unterstützt, bei denen zum Beispiel staatliche Unterstützung nicht ausreicht. Es gibt einen Hilfsfonds, der unbürokratisch hilft, sodass Spendenaufrufe – etwa im „Judo Magazin" – durch einen schlichten Antrag ersetzt werden können. Viele ehemalige Leistungssportler engagieren sich in diesem Verein; jeder kann sich aber als Vereinsmitglied für betroffene Judoka solidarisch einsetzen.

Die **Dan-Gemeinschaft** des DJB existiert seit 2010 und soll den Austausch zwischen Dan-Trägern fördern, insbesondere mit Bezug auf Traditionspflege und Kata-Entwicklung. Die Dan-Gemeinschaft ist nicht mit dem eben erwähnten DDK zu verwechseln.

Ferner fand anlässlich des 60-jährigen Bestehens das erste **Judo-Festival** 2013 in Köln statt, es folgten Festivals in Oberhaching (2019) und in Bad Ems (2023). Hierbei handelt es sich jeweils um eine Großveranstaltung an einem verlängerten Wochenende, bei der sich viele Judoka treffen, um an Turnieren teilzunehmen beziehungsweise sich bei diversen Praxis- und Theorieeinheiten zum Thema „Judo" fortzubilden und auszutauschen. Das nächste Judo-Festival ist für 2027 geplant.

Die Verbandszeitschrift des DJB ist das monatlich erscheinende **Judo Magazin**, unter anderem mit aktuellen Reportagen zu Wettkämpfen, Hintergrundberichten und Lehrserien.

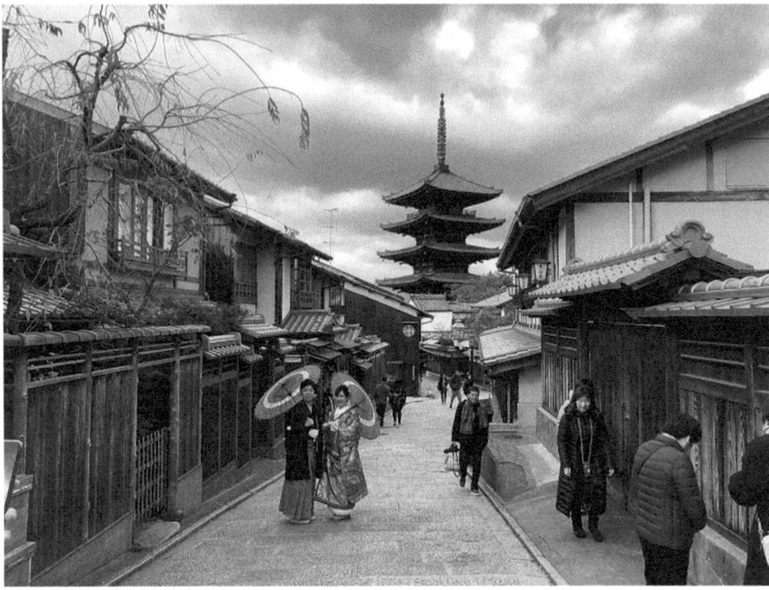

Abbildung 8: Yasaka-Pagode in Kyoto

Offizielle Webseiten der Organisationen:

Kodokan Judo Institute: http://kodokanjudoinstitute.org

International Judo Federation: https://www.ijf.org

European Judo Union: https://www.eju.net

Deutscher Judo-Bund: https://www.judobund.de

★ KAPITEL E ★

JUDOGI

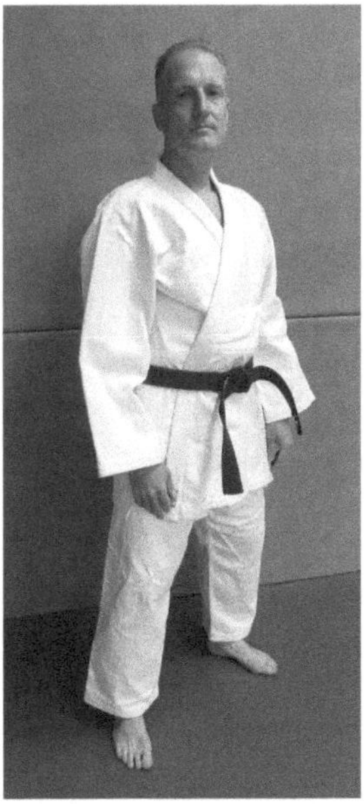

Abbildung 9: Judogi (Abdruck mit freundlicher Zustimmung von Oliver Kauer-Berk).

Judo-Kämpfer bezeichnet man als Judoka (柔道家). Im Training tragen diese jeweils einen Judogi (Judo-Anzug, 柔道着), bestehend aus Hose (Zubon, ズボン) und Jacke (Uwagi, 上衣), die sie mit einem Gürtel (Obi, 帯) zusammenbinden. Der Gürtel wird nicht etwa mit einem Doppelknoten zusammengebunden, sondern mit einem speziellen Gürtelknoten, für den die Dreiecksform charakteristisch ist. Typischerweise sind Judogi weiß, bei Wettkämpfen trägt der zuerst aufgerufene Kämpfer einen weißen Judogi, der zweite einen blauen, damit sie leichter voneinander zu unterscheiden sind. Bei Wettkämpfen auf lokaler oder regionaler Ebene können die Judoka alternativ einen zweiten Gürtel zur Unterscheidung tragen: der erste Judoka zusätzlich einen weißen Gürtel, der zweite einen roten.

Die Jacke wird immer rechtsseitig gebunden, also die rechte Seite unter der linken. Nur bei einem japanischen Totengewand wird (genau umgekehrt) die linke Brustseite unter der rechten eingeschlagen. Entsprechend ist das Handzeichen des Kampfrichters, wenn er während eines Wettkampfes einen Judoka auffordert, seinen Anzug zu ordnen: Der rechte Arm liegt unter dem linken.

Eine Besonderheit besteht bei Mannschaftskämpfen: Hier dürfen die Judogi bunt sein – die Farbkombination muss aber für alle Mannschaftsmitglieder einheitlich sein.

Die Anzüge bestehen (im Wesentlichen) aus Baumwolle, insbesondere die Jacke ist aus einem dicken, reißfesten Stoff, damit sie vor allem dem Griffkampf standhält. So lässt sich ein Judoanzug übrigens einfach von Anzügen anderer Kampfsportarten unterscheiden. Für DJB-Wettkämpfe sind nur lizenzierte Judogi zugelassen, die einen bestimmten Schnitt und eine bestimmte Stoffdicke haben, um den Gegner nicht zu behindern. Wer mit keinem regelkonformen Anzug die Wettkampffläche betritt, wird disqualifiziert. Auf der Vorderseite der Jacke darf ein Kader- oder Vereinsabzeichen aufgenäht sein. Bei DJB- und internationalen Meisterschaften sind seit 2011 Rückennummern erforderlich, die auf die Rückenpartie der Jacke genäht werden. Sie geben mindestens Name und Verein (Gewichtsklasse und Nationalität sind optional) des Judoka an und dienen der einfacheren Identifizierung der Wettkämpfer und Vereine.

Ein einfaches Modell (für Erwachsene) kostet ungefähr 50,00 Euro, ein japanischer Wettkampf-Judogi kann bis zu 300,00 Euro kosten. Ebenso variiert der Preis für einen Gürtel zwischen ungefähr 5,00 und 50,00 Euro. Wer an einem Probetraining in einem Judo-Verein teilnehmen möchte, muss dafür keinen Judogi besitzen. Die meisten Vereine verleihen Anzüge für solche Zwecke.

Weibliche Judoka tragen unter der Jacke zusätzlich ein weißes T-Shirt. Judoka trainieren barfuß, mit Socken rutschte man auf den Tatami aus. Aus hygienischen Gründen und um Beschädigungen zu vermeiden, dürfen die Matten nicht mit Schuhen betreten werden.

Die Gürtel geben die Graduierung des Judoka wieder: In Deutschland beginnen die Kyu-Grade mit einem weißen Gürtel (neunter Kyu, Ku-kyu, 九級), dann folgt ein weiß-gelber (achter Kyu, Hachi-kyu, 八級), gelber (siebter Kyu, Nana-kyu, 七級), gelb-oranger (sechster Kyu, Rok-kyu, 六級), oranger (fünfter Kyu, Go-kyu, 五級), orange-grüner (vierter Kyu, Yon-kyu, 四級), grüner (dritter Kyu, San-kyu, 三級), blauer (zweiter Kyu, Ni-kyu, 二級) und schließlich ein brauner Gürtel (erster Kyu, Ik-kyu, 一級). Die Dan-Grade[24] sind vom ersten bis zum fünften Dan ein schwarzer Gürtel, dann (optional) vom sechsten bis zum achten Dan ein rot-weißer Gürtel und vom neunten bis zum zehnten Dan ein roter Gürtel.

24 Zu den Kyu- und Dan-Graduierungen siehe Kapitel F II und III.

★ KAPITEL F ★

GÜRTELFARBEN UND GRADUIERUNGEN

I. GÜRTELFARBEN

Im Judo – wie in anderen Kampfsportarten – spiegelt sich üblicherweise die Erfahrung des Sportlers in der Farbe seines Gürtels wider. Unterschiedliche Gürtel und Stufen als sichtbares Zeichen des Fortschritts des jeweiligen Judoka führte bereits *Jigoro Kano* ein. Das heute übliche System hat sich allerdings über Jahre entwickelt. Früher existierte eine solche Kennzeichnung in den Ju-Jutsu-Schulen (Ryu, 流) nicht. Vielmehr hatten die Schüler nur einen ihrem Ausbildungsstand entsprechenden Rang inne. Meistens gab es fünf Stufen, wobei die höchste (Menkyo-kaiden) eine Lehrlizenz beinhaltete. Im Rahmen seiner Ju-Jutsu-Ausbildung erhielt *Kano* 1883 diese der Kito-ryu.

Da die Ausbildung mehrere Jahre umfasste, wollte *Kano* zum einen seine Schüler durch einen schneller dokumentierten Lernfortschritt motivieren, indem er mehrere Stufen einführte. Auch heute ist dies vermutlich eine Hauptmotivation für Kinder, den nächsten Kyu-Grad und damit einen neuen Gürtel zu erwerben. Zum anderen betreiben die meisten Kinder Judo als Freizeitsport, sodass ein farbiger Gürtel ihr Können für alle sichtbarer macht als Urkunden oder Medaillen. Daher differenzierte *Kano* zunächst zwischen Personen ohne (Mudansha, 無段者) und mit Dan (Yudansha, 有段者), wobei die Dan-Graduierung ursprünglich (im 17. Jahr-hundert) aus dem Go (Brettspiel, 囲碁) und Shogi (japanisches Schach, 将棋) stammt, um professionelle Spieler nach ihrem Können einzuordnen. Die Yudansha waren in unterschiedliche Stufen gegliedert; die Kyu-Einteilung (Rang, 級), die bereits im Kendo existierte, folgte erst später. Zwar hatte *Kano* die Dan-Grade (段) offiziell nie beschränkt, faktisch aber nur Judoka bis zum zehnten Dan ausgezeichnet.

Die japanischen Bezeichnungen der Dan-Grade vom ersten bis zum zehnten Dan sind Sho-dan (初段), Ni-dan (弐段), San-dan (参段), Yon-dan (四段), Go-dan (五段), Roku-dan (六段), Shichi-dan (七段), Hachi-dan (八段), Ku-dan (九段) und Ju-dan (十段).

Die **Kyu-Grade** waren zunächst in drei, später in sechs Gruppen aufgeteilt. Seit 1995 existieren in Deutschland neun Kyu-Grade. Diese werden, basierend auf dem zuletzt 2022 geänderten Graduierungssystem, typischerweise aufgrund einer Prüfung beziehungsweise Kompetenzkontrolle verliehen (eine trainingsbegleitende Graduierung ist aber auch möglich). Ausnahme ist der achte Kyu, der Einsteiger zum Judo motivieren soll und als eine Art „Vermarktungsgürtel" verliehen werden kann beziehungsweise als Mittel einsetzt werden kann, um neue Mitglieder zu gewinnen.

Judo-Anfänger tragen einen weißen Gürtel. Ab dem grünen Gürtel werden Judoka im Allgemeinen als Fortgeschrittene angesehen, weil sie das Judo-Grundprogramm erfolgreich abgeschlossen haben. Die farbigen Kyu-Gürtel gehen auf den Budokwai im Vereinigten Königreich und *Mikinosuke Kawaishi* in Frankreich zurück, der dieses System und Gürtelprüfungen dort einführte. Anschließend verbreitete es sich in ganz Europa. Dagegen unterscheidet man in Japan meistens nur weiße und braune (ab dem dritten Kyu) Gürtel. Dieses System, das das Kodokan 1923 einführte, existiert auch in anderen Ländern; teilweise tragen Kinder und Jugendliche anstelle des braunen einen violetten Gürtel. Soweit ersichtlich, gibt es keine spezielle Begründung für die einzelnen, immer dunkler werdenden Gürtelfarben.

Kano führte im Kodokan 1886 schwarze Gürtel für die **Yudansha** ein. Ab 1930 wurde das offizielle Farbschema festgelegt, das heißt, dass ab dem sechsten Dan alternativ zum schwarzen Gürtel ein rot-weißer getragen werden darf und ab dem neunten Dan ein roter. Insbesondere in Japan tragen Judoka rot(-weiß)e Gürtel aber nur zu besonderen Anlässen. Bei Kata-Demonstrationen tragen die Judoka typischerweise schwarze Gürtel, selbst wenn sie höher als der fünfte Dan graduiert sind. Vermutlich soll der weiße Judogi Reinheit und Gleichheit aller Judoka (unabhängig von ihrer gesellschaftlichen Stellung) symbolisieren, während der schwarze Gürtel den Gegenpol dazu bildet. Der rot(-weiß)e Gürtel geht wahrscheinlich auf die symbolhafte Bedeutung der Farben Rot (Aka, 赤) und Weiß (Shiro, 白) in der japanischen Kultur zurück: Rot symbolisiert Mut und Leidenschaft, Weiß dagegen Reinheit; auch die japanische Flagge zeigt die aufgehende (rote) Sonne auf weißem Hintergrund.

Während Außenstehende eventuell mit einem schwarzen Gürtel automatisch einen Judo-Meister verbinden, ist dies nicht pauschal zutreffend. Vielmehr ist er nur eine weitere Ausbildungsstufe, die sich vielleicht übertragen mit Schulzeit (Kyu-Grade) und Studium (Dan-Grade) vergleichen lässt. Man sollte beachten, dass der Begriff „Dan" keinesfalls Meister, sondern (nur) Stufe bedeutet. Ebenso wenig ist ein Yudansha automatisch ein Sensei (先生, übersetzt: „Älterer", im japanischen Alltag insbesondere eine Anrede für Lehrer und Professoren). Letztlich kommt es auch darauf an, welche Ziele man im Judo erreichen möchte: Ein Weltmeister, ein exzellenter Judo-Techniker und ein erfolgreicher Trainer können alle auf ihre Weise „Meister" sein.

Unter Schülern nennt man den erfahrenen/älteren Senpai (先輩), den jüngeren Kohai (後輩). Diese Unterscheidung verwendet man insbesondere in Kampfsportarten, sie ist in Japan aber auch an Schulen oder in Unternehmen üblich. Beispielsweise war *Shohei Ono* (大野将平, 1992 geboren), als er noch an der Tenri-Universität trainierte, *Joshiro Maruyamas* (丸山城志郎, 1993 geboren) Senpai.

Geschätzt dürften ungefähr zehn Prozent aller Judoka Yudansha sein, aufgrund der Anforderungen und Wartezeiten zwischen den einzelnen Dan-Graden nimmt die Anzahl von Hochgraduierten aber deutlich ab: Weit über 90 Prozent aller Dan-Träger dürften „nur" den ersten oder zweiten Dan besitzen.

Das Kodokan hat bislang lediglich 15 (ausnahmslos japanischen) Judoka den zehnten Dan verliehen. Dies waren 1935 *Yoshitsugu Yamashita*, 1937 *Hajime Isogai* und *Hideichi Nagaoka* (永岡 秀一, 1876 bis 1952), 1945 *Kyuzo Mifune* (三船 久蔵, 1883 bis 1965), 1946 *Kunisaburo Iizuka* (飯塚 国三郎, 1875 bis 1958), 1948 *Kaichiro Samura* (佐村 嘉一郎, 1880 bis 1964) und *Shotaro Tabata* (田畑昇太郎, 1884 bis 1950), 1967 *Kotaro Okano* (岡野 功太郎, 1885 bis 1967), 1969 *Matsutaro Shoriki* (正力 松太郎, 1885 bis 1969), 1977 *Shozo Nakano* (1888 bis 1977), 1979 *Tamio Kurihara* (栗原民雄, 1896 bis 1979), 1984 *Sumiyuki Kotani* (小谷 澄之, 1903 bis 1991) sowie 2006 *Ichiro Abe* (安部一郎, 1922 bis 2022), *Toshiro Daigo* (醍醐 敏郎, 1926 bis 2021) und *Yoshimi Osawa* (大澤慶巳, 1926 bis 2022). Nachdem *Yoshimi Osawa* am 21. Oktober 2022 starb, lebt aktuell kein Judoka mehr, der den zehnten Dan trägt.

Daneben verlieh die IJF 1997 *Anton Geesink* (Niederlande), 1999 *Charles Palmer* (1930 bis 2001, Vereinigtes Königreich), 2010 *George Kerr* (1937 geboren, Vereinigtes Königreich) und 2013 *Yoshihiro Uchida* (1920 geboren, USA) den zehnten Dan. *Franco Capelletti* (1938 geboren, Italien) erhielt 2017 den zehnten Dan. Die Graduierungen der IJF erkennt das Kodokan allerdings nicht an.

Kano selbst hatte – als Begründer des Kodokan-Judo – nie einen Dan-Grad inne.

Neben den erwähnten farbigen Gürteln existieren in Japan (nur) für weibliche Yudansha schwarze Gürtel mit einem weißen Längsstreifen. Warum das Kodokan diese Sonderregel 1934 einführte, ist nicht bekannt. Bei Wettkämpfen wird – wie bereits erwähnt – außerdem zusätzlich entweder ein weißer oder roter Gürtel zur Unterscheidung getragen (wie dies vor Einführung der blauen Wettkampf-Judogi überall der Fall war). In einigen Ländern ist ein blauer (anstelle eines roten) Wettkampfgürtel üblich.

Das heute praktisch alle japanischen Kampfsportarten ihre Mitglieder nach ihren Fähigkeiten in Kyu- und Dan-Grade einteilen, geht auf den Butokukai zurück. Das Kyu-System existierte bereits im Kendo. Kyu- und Dan-Systeme kombinierte man als Kompromiss. Heute haben viele andere Kampfsportarten auch die farbigen Gürtel aus dem Judo (zumindest teilweise) übernommen.

II. KYU-GRADUIERUNGSSYSTEM

Der DJB führte 2022 das momentan gültige Kyu-Graduierungssystem ein[25]. Um den nächsten Kyu-Grad zu erhalten, muss ein Judoka persönliche und judospezifische Anforderungen erfüllen. In persönlicher Hinsicht ist ein bestimmtes Mindestalter (zum Beispiel acht Jahre für den fünften Kyu) und eine bestimmte Mindestvorbereitungszeit seit der letzten Graduierung einzuhalten. Die höchste Stufe der Schülergrade – der braune Gürtel – kann (frühestens) mit 13 Jahren erreicht werden. In der Praxis ist dies selten der Fall.

Die Kyu-Graduierungen umfassen ein sogenanntes Grund- und Erweiterungsprogramm. Für Dan-Graduierungen folgen das Master- und das historische Programm. Ziel des Graduierungssystems ist es, möglichst viele Judoka anzusprechen und nachhaltig auszubilden, das heißt, dass diese mit zunehmender Erfahrung ein besseres Niveau erreichen und eigene Schwerpunkte – ihren Interessen entsprechend – bilden können.

---

[25] Zum Kyu-Graduierungssystem (Anhang) siehe Kapitel P.

Das **Grundprogramm** bildet die Basis für die Judo-Ausbildung (vom achten bis zum vierten Kyu). Anfänger sollen sich ein Grundverständnis von Judo aneignen, eine gewisse körperliche Fitness entwickeln und vor allem sicher fallen können, um sich nicht zu verletzen. Außerdem gehört dazu das Verantwortungsbewusstsein für den Partner, mit dem man gemeinsam trainiert. Im Stand lernen Anfänger einfache Wurftechniken (Nage-waza, 投技) aus bestimmten Standardsituationen (insbesondere auch die dazugehörigen Schrittmuster und Eindrehbewegungen)[26].

Da die meisten Judoka als Kinder beginnen (und praktisch die Hälfte der Judoka in Deutschland Kinder und Jugendliche sind), die Kampfregeln Hebel- und Würgetechniken jedoch erst ab einem bestimmten Alter erlauben, liegt der Schwerpunkt der Kontrolltechniken (Katame-waza, 固技) im Grundprogramm bei den Haltegriffen (und den entsprechenden Befreiungen). Neben den Übergängen zwischen verschiedenen Techniken sollen Anfänger auch Standardsituationen am Boden lösen können. „Standardsituation" bezeichnet dabei die Bank- oder Bauchposition beziehungsweise die Rückenlage. Bei jeder dieser Positionen differenziert man weiter zwischen Ober- und Unterlage, woraus dann Bodentechniken angewendet werden. Die Techniken des Grundprogramms können die Judoka anschließend im Randori oder auf ersten Wettkämpfen anwenden und weiterentwickeln.

Für fortgeschrittene Judoka sieht das **Erweiterungsprogramm** anspruchsvollere Techniken vor. Vor allem sollen die Judoka allerdings individuell nach ihren Fähigkeiten und Interessen ihre Judo-Entwicklung selbst gestalten: Sie entscheiden, ob sie sich in Richtung Leistungssport orientieren möchten oder (wie die meisten) Judo als vielfältiges Hobby verstehen und neben dem Techniktraining und Randori auch die Bereiche Kata, Selbstverteidigung oder eventuell Taiso (Gymnastik, 体操)[27] entdecken. Der DJB möchte insoweit die Vielfalt des Judo stärker beto-

---

26 Zu den einzelnen Judo-Techniken siehe Kapitel J.

27 Zu Taiso siehe Kapitel L.

nen, um möglichst viele Judoka dazu zu animieren, idealerweise ihr ganzes Leben lang dem Judo treu zu bleiben.

Wer ein Leben lang Sport treibt, wird tendenziell allein aufgrund der vermehrten Bewegung **gesünder leben**. Fairerweise muss man allerdings darauf hinweisen, dass Kampfsport, der auf Leistungssportniveau betrieben wird, ein höheres Verletzungs- und Verschleißrisiko für den Körper birgt als viele andere Sportarten. Zusätzlich dürften Judoka wahrscheinlich bei Konfliktsituationen außerhalb des Sports gelassener und selbstbewusst reagieren. Wer zudem korrektes Fallen gelernt hat, wird wahrscheinlich im Alltag Unfälle mit geringeren Verletzungen überstehen; gerade Ältere dürften insoweit in der Tat lebenslang von Judo profitieren. Weil Judoka bei Wettkämpfen in Gewichtsklassen eingeteilt werden, spielt eine gesunde Ernährung ebenfalls eine wichtige(re) Rolle als bei anderen Sportarten. Dies dürfte sich ebenso positiv auf die langfristige Gesundheit von Judoka auswirken.

Die Würfe umfassen für Fortgeschrittene zum Beispiel Selbstfalltechniken als neue Gruppe. Auch bei den Bodentechniken folgen anspruchsvollere Hebel- und Würgetechniken im Erweiterungsprogramm. Außerdem sollen die Judoka Übergänge von einer Standardsituation in eine andere Standardsituation am Boden entwickeln.

Neben den unterschiedlichen Techniken steigert sich zusätzlich das Ausführungsniveau der Techniken. Insbesondere Kinder dürfen ähnliche Techniken (zum Beispiel Sasae-tsurikomi-ashi (Hebezugfußhalten, 支釣込足) und Hiza-guruma (Knierad, 膝車)) demonstrieren, da gerade für Beginner Unterschiede schwierig zu erkennen sind, solche Techniken aber ähnlich effektiv sind. Zum anderen wird von fortgeschrittenen Judoka erwartet, dass sie Techniken schneller und präziser als Anfänger demonstrieren können und diese auch situativ besser verketten beziehungsweise aus bestimmten Wettkampfsituationen anwenden können.

Für erfahrene Judoka kommt taktisches Verhalten hinzu: Im Rahmen des Griffkampfs soll Tori Ukes – auch unorthodoxe – Griffe verhindern beziehungsweise lösen, den eigenen Griff durchsetzen und passende

Wurftechniken erfolgreich anwenden. Neben unterschiedlichen Auslagen soll Tori ebenso Finten, Kombinationen und Kontertechniken aus entsprechenden Wettkampfsituationen umsetzen können.

Neue Graduierungen werden typischerweise im Rahmen von **Gürtelprüfungen**, bei denen die geforderten Kompetenzen festgestellt werden, verliehen. Dies bedeutet, dass grundsätzlich die Judoka ihre Techniken einem Dan-Träger (mit Graduierungslizenz) in einer separaten Trainingseinheit vorführen. Die neue Graduierungsordnung bietet neben einer „klassischen" Gürtelprüfung aber auch andere Möglichkeiten, die Kompetenzen zu überprüfen. Die erfolgreichen Judoka erhalten neben ihrem neuen Gürtel als sichtbares Zeichen eine Graduierungsurkunde sowie einen Eintrag in ihrem Judo-Pass.

Der **Judo-Pass** ist ein Dokument, das einem echten Pass ähnelt und das neben den persönlichen Daten Prüfungen, Lehrgangsteilnahmen, Wettkampferfolge sowie Mannschaftsstartberechtigungen dokumentiert. Für viele fortgeschrittene Judoka hat dieser Pass einen hohen ideellen Wert, weil er deren jahr(zehnt)elange Judo-Karriere widerspiegelt.

Seit 2024 soll die App JudoPass ihn als digitale Version ersetzen. Hierbei handelt es sich um eine Software für Smartphones, mit der Judo-Vereine ihre Mitglieder verwalten können. Nach Freigabe können Mitglieder neben ihren persönlichen Daten Graduierungen aus dem Judo-Pass übertragen.

In der JudoPass-App können Wettkampf-, Trainer-, Prüfer- und Kampfrichterlizenzen dokumentiert werden. Dies gilt auch für Lehrgangs- und Turnierteilnahmen, Judo-Trainings und Wettkämpfe. Ferner können für das neue Graduierungssystem Videos zur Vorbereitung beziehungsweise die geltenden Kampfregeln für Wettkämpfer abgerufen werden. Ein weiterer Vorteil ist die Anzeige von (aktuellen) Judo-Terminen sowie eine schnelle Kontrollmöglichkeit bei Veranstaltungen durch QR-Codes. Ferner ist geplant, Wettkampfverläufe und ein Trainingstagebuch in die App zu integrieren.

Bereits aus zeitlichen Gründen nehmen an einer Gürtelprüfung typischerweise nicht mehr als 20 Judoka teil. Bei Kindern ist es üblich, dass die Prüfer die Prüfung in das normale Training integrieren, um eine klassische Prüfungssituation zu vermeiden. Ein guter Trainer wird gerade Anfänger nicht zu einer Prüfung zulassen, wenn er nicht davon überzeugt ist, dass sie die Graduierungsanforderungen erfüllen. Die meisten Judo-Vereine organisieren zweimal im Jahr solche Graduierungstermine, damit interessierte Judoka sich planbar und gut darauf vorbereiten können.

III. DAN-GRADUIERUNGSSYSTEM

Mit Wirkung zum 1. Juli 2023 reformierte der DJB das Dan-Graduierungssystem[28]. Judoka können Dan-Grade mittels Prüfung vom ersten bis zum sechsten Dan erwerben. Hierzu müssen sie Stand- und Bodentechniken demonstrieren, Kata vorführen, theoretische Judo-Kenntnisse nachweisen und – für den sechsten Dan – sich für ihre Sportart engagiert haben. Ferner müssen sie einen Wahlbereich erfüllen; dieser bezieht sich auf erworbene Trainer- oder Kampfrichterlizenzen, nationale Wettkampferfolge, Kata, Selbstverteidigung und Taiso. Seit 2023 kann der sechste Dan durch eine Prüfung erworben werden, bislang wurde dieser nur ehrenhalber verliehen. Der erste Dan kann nur durch eine technische Prüfung erreicht werden, die folgenden Dan-Grade dürfen auch für herausragende Wettkampferfolge (insbesondere auf internationaler Ebene) oder für besonderes jahrelanges Engagement für Judo (zum Beispiel durch ehrenamtliche Verbandstätigkeit) verliehen werden.

Im Vergleich zu Kyu-Graduierungen ist die Demonstration von einer oder mehreren Kata charakteristisch. Ebenso nimmt die Theorie einen deutlich größeren Teil der Gesamtprüfung ein. Zwischen einzelnen Dan-Graduierungen besteht eine Mindestwartezeit, die mit den jeweiligen

---

28 Zum Dan-Graduierungssystem (Anhang) siehe Kapitel P.

Dan-Graden ansteigt. Dies gilt ebenso für das technische Niveau. Das Mindestalter für die Graduierung zum ersten Dan beträgt grundsätzlich 16 Jahre, bei entsprechenden Wettkampferfolgen kann es 15 Jahre betragen.

Dan-Graduierungen werden von den Landesverbänden organisiert. Die Graduierungskommission besteht grundsätzlich aus drei graduierungsberechtigten Personen, die pro Tag maximal zehn Judoka prüfen sollten. Eine Prüfung kann mehrere Stunden dauern, es besteht aber die Möglichkeit, die Prüfung in mehreren Modulen abzulegen. Damit sollen sich Judoka flexibel auf ihre nächste Graduierung vorbereiten können und mehr Dan-Graduierungen als bisher ermöglicht werden. Die Änderungen zielen darauf ab, den Schwerpunkt von Dan-Prüfungen hin zu einer erfolgreichen Ausbildung erfahrener Judoka zu verlagern.

Literaturempfehlungen zur Vertiefung:

Kyu-Graduierungssystem des DJB: https://www.judobund.de/fileadmin/user_upload/judobund.de/Downloads/Regeln_und_Ordnungen/Anforderungen_fuer_Kyu-Grade_2024.pdf

Dan-Graduierungssystem des DJB: https://www.judobund.de/fileadmin/user_upload/judobund.de/Downloads/Regeln_und_Ordnungen/Anforderungen_fuer_Dan-Grade_2024.pdf

★ KAPITEL G ★

DOJO

Im Gegensatz zu Japan trainieren in Deutschland die meisten Judoka nicht in einem klassischen Dojo, sondern in einer Sporthalle, die zu Beginn des Trainings mit Tatami, die heute aus Schaumstoff bestehen, ausgelegt werden muss.

Typischerweise betragen die Maße einer Tatami 1,00 m x 1,00 m. In Japan dagegen sind 1,80 m x 0,90 m. Dort wird die Größe eines Raumes gerne in der Anzahl der Tatami angegeben und nicht in Quadratmetern.

Ursprünglich stammt die Bezeichnung Dojo („Ort des Weges", 道場) aus dem Buddhismus und meinte den Platz der Erleuchtung. In buddhistischen Tempeln wurde diese Halle zur Zen-Meditation genutzt. Erst mit der Meiji-Ära wandelte sich diese religiöse Bezeichnung in die heute vorherrschende Bedeutung für einen Trainingsort für Kampfkünste.

Dagegen ist der Wettkampfort im Sumo noch immer religiös geprägt: Das Innere eines Sumo-Rings (Dohyo, 土俵) muss als heiliger Ort vor einem Wettkampf in einer Zeremonie mit Salz gereinigt werden. Der Bezug zum Shinto ist offensichtlich: Ein Shimenawa (注連縄), ein aus Reisstroh geflochtenes Seil, umschließt den Sumo-Ring. Solche Seile sind häufig auch an Torii (Eingangsportale, 鳥居) von Shinto-Schreinen (Jinja, 神社) gespannt, um deren Heiligkeit zu symbolisieren. Shinto ist die ursprüngliche Religion Japans, die auf der Verehrung der Kami (神) beruht. Kami sind in der japanischen Mythologie Götter, aber auch Menschen, die wichtige Persönlichkeiten waren.

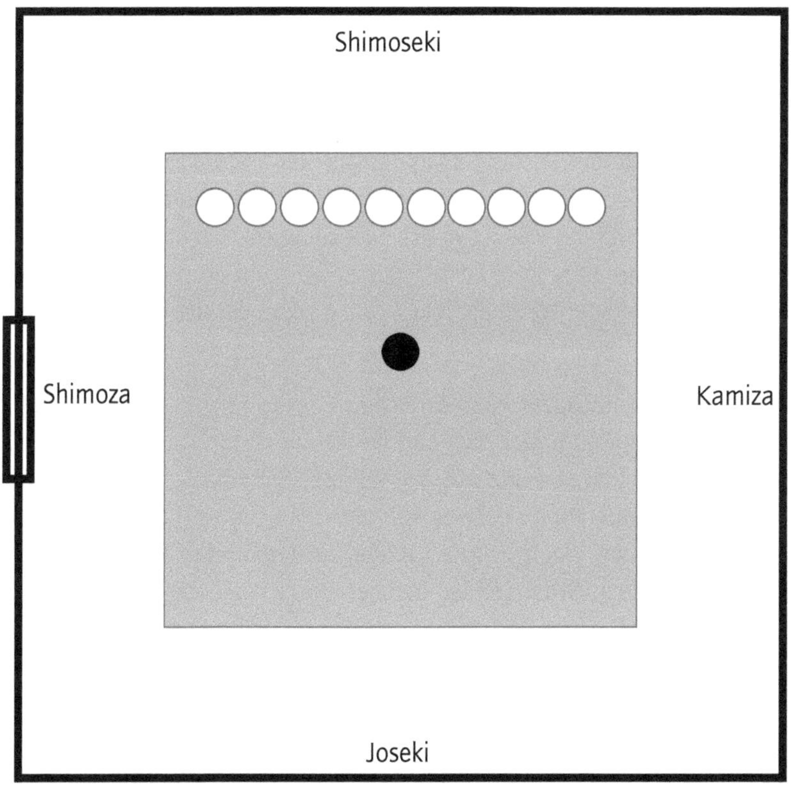

Abbildung 10: Schematische Darstellung eines Dojo

Im weiteren Sinn handelt es sich – wie die wörtliche Übersetzung andeutet, um einen Ort, um jede traditionelle Art von „Do" zu lernen – es muss sich also nicht zwingend um Kampfsport handeln, sondern man kann auch die Teezeremonie (Sado, 茶道) in einem „Dojo" lernen. Von der ursprünglichen Bedeutung ist leider in einer normalen Sporthalle nichts zu spüren. Spiegelbildlich dazu, dass Judo nicht nur eine Sportart ist (sondern auch der Erziehung dient), geht der Zweck des Dojo jedoch über den einer bloßen Sporthalle hinaus.

Ein traditionelles Dojo war der Lebensmittelpunkt eines Meisters und seiner Anhänger (nicht bloß Lehrer und Schüler), in dem eine bestimmte Atmosphäre herrschen sollte. Diese wurde sowohl von den Regeln für die Einrichtung des Dojo als auch von den Verhaltensregeln im Dojo geprägt.

Jede Seite eines Dojo hat eine bestimmte Bezeichnung und Bedeutung: Traditionell befindet sich der Eingang auf der Westseite, die Shimoza (下座) heißt. Gegenüber davon – im Osten – ist der Ehrensitz, der Kamiza („Oberer Sitz/Sitz der Kami", 神座) oder Shomen („Hauptseite", 正面) genannt wird. In alten Dojo kann sich hier ein Shinto-Altar befinden, üblicherweise ist an der Wand ein Bild *Jigoro Kanos* oder des Dojo-Gründers angebracht.

Beim Betreten, nachdem man die Schuhe ausgezogen hat, und Verlassen des Dojo verbeugt man sich üblicherweise im Stand zu Kamiza[29]. Im Süden (Joseki, „höherer Sitz", 上席) befinden sich die Lehrer, ihnen gegenüber die Schüler auf der Seite, die man als Shimoseki („unterer Sitz", 下席) bezeichnet. Wenn beim Angrüßen zu Beginn des Trainings nicht ausreichend Platz vorhanden ist, belegen die Schüler sowohl Shimoseki als auch Shimoza.

Das erste Dojo, das *Kano* 1882 für seinen Judo-Unterricht verwendete, befand sich im Eisho-ji, einem kleinen Tempel in Tokyo. Seit 1984 befindet sich das Kodokan im Norden der japanischen Hauptstadt in einem großen achtstöckigen Gebäude[30].

---

29 Siehe Kapitel C III.

30 Siehe Kapitel D I.

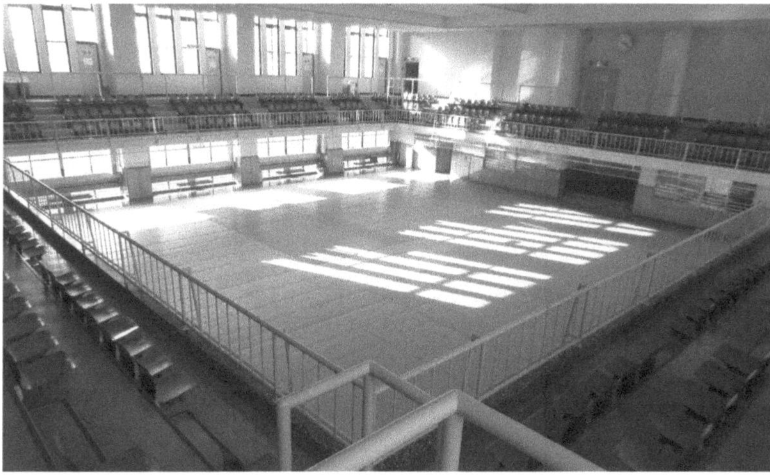

Abbildung 11: Haupt-Dojo im Kodokan, Tokyo

Das älteste Dojo Japans, das Kyoto Budo Center, befindet sich im Nordosten von Kyoto. Im Zentrum steht das Butokuden („Halle der Kriegskünste", 武徳殿), das 1899 erbaut wurde und wo heute noch immer Budo praktiziert wird. 1987 wurde der Komplex deutlich erweitert, da nicht nur Judo, sondern viele Kampfkünste trainiert werden. Seit 1970 gehört das Butokuden zu den japanischen Nationaldenkmälern.

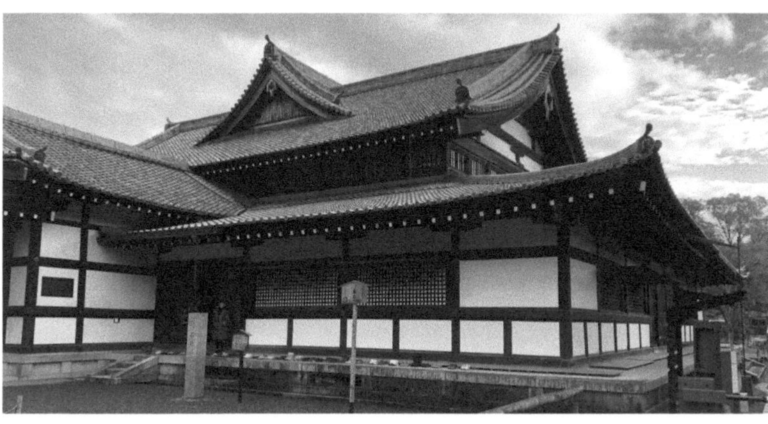

Abbildung 12: Butokuden in Kyoto

Da Judoka barfuß trainieren, betreten sie das Dojo mit (Stroh-)Sandalen (Zori, 草履), die direkt neben den Tatami abgelegt werden.

Ein Dojo ist von einer Veranstaltungshalle (Kan oder Yakata, 館) abzugrenzen, wie dies zum Beispiel beim Kodokan oder dem Budokan (武道館) der Fall ist. „館" meint jedoch schlicht „Gebäude", es könnte sich also auch um ein Museum oder eine Karaoke-Bar handeln. Das Nippon Budokan (日本武道館) ist eine Veranstaltungshalle im Stadtzentrum von Tokyo, die für die Judo-Wettkämpfe während der Olympischen Spiele 1964 mit einer Kapazität von knapp 15.000 Zuschauern gebaut wurde. Diese Halle weist Ähnlichkeiten mit einer Halle des Horyu-ji (法隆寺), einem buddhistischen Tempel in Nara (奈良市), der zum UNESCO-Weltkultur-erbe gehört, auf. Auch die Judo-Wettkämpfe bei den Olympischen Spielen 2021 fanden wiederum im Budokan statt. Neben Kampfsport-Veranstaltungen ist das Budokan ein beliebter Aufführungsort für Konzerte.

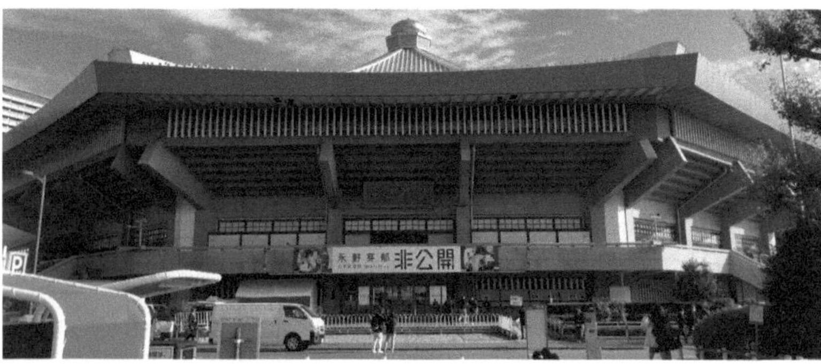

Abbildung 13: Budokan in Tokyo

★ KAPITEL H ★

ROLLENVERTEILUNG, BEWEGUNGEN UND ÜBUNGSFORMEN

I. TORI UND UKE

Mit Ausnahme von wenigen Übungen ist Judo ohne Partner nicht vorstellbar, es ist kein Individualsport. Da beim Techniktraining Judoka verschiedene Rollen einnehmen können, unterscheidet man zwischen Tori und Uke: Derjenige, der Techniken aktiv durchführt, wird als **Tori** (取り) bezeichnet. Den anderen Partner, der die ergänzende Rolle einnimmt, bezeichnet man als **Uke** (受け). Wichtig ist hierbei, dass sich insbesondere beim Üben beide Partner ergänzen und gerade keine Gegner sind. Viele Übungsformen erfordern einen kooperierenden Uke, und Tori ist bei allen Techniken dafür verantwortlich, dass Uke sich durch Toris Verhalten nicht verletzt. Besonders bei Kata-Demonstrationen arbeiten beide zusammen, um Techniken in Perfektion zu demonstrieren, selbst wenn Uke „nur" angreift beziehungsweise fällt, hat er keine passive Rolle inne. Dies veranschaulichen ebenfalls die beiden Kanji für Uke und Tori, die zusammengesetzt das Verb „uketoru" (erhalten, bekommen, 受け取る) ergeben. Dies soll das Prinzip der Vereinigung der Energien (Ki-musubi, 気結び) verdeutlichen, wie dies auch bei Yin und Yang (陰陽/阴阳) in der chinesischen Philosophie der Fall ist.

II. STELLUNGEN UND BEWEGUNGEN

Judoka stehen entweder in einer „normalen" Grundstellung (**Shizen-hontai**, 自然 本体) oder in einer Verteidigungshaltung (**Jigotai**, 自護体). Bei beiden Positionen hat Tori die Knie leicht angewinkelt; während die Füße normalerweise schulterbreit stehen, sind sie in der Verteidigungsposition aber deutlich weiter auseinander, entsprechend tiefer ist der Oberkörper abgesenkt. Je nachdem, ob der rechte oder der linke Fuß vorne ist, spricht man von Migi- (右) beziehungsweise Hidari-shizentai (左自然) beziehungsweise -jigotai. Da ein Kampf im Stand beginnt, ist es zunächst das Ziel, den Gegner zu greifen, ihn aus dem Gleichgewicht zu bringen, um ihn dann im Idealfall mit Schwung und Kraft auf seinen Rücken zu werfen (sogenanntes „Ippon-Judo"). Dazu ist ein sicherer Stand erforderlich – und ebenso, um sich zu verteidigen, damit man nicht geworfen wird.

Kennzeichnend für Judoka ist unter anderem, dass sie mit ihren Füßen über die Matte gleiten, ohne – jedenfalls im Grundsatz – den Kontakt zwischen Tatami und Fuß(ballen) zu verlieren (Suri-ashi, すり足). Dies hat zum einen den Vorteil, dass der Gegner nicht sehen kann, wie das Gleichgewicht auf den Füßen verteilt ist. Zum anderen kann man besser die Balance halten, wenn der Gegner versucht, das Gleichgewicht zu brechen.

Das „normale" Gehen wird als **Ayumi-ashi** (歩み足) bezeichnet; im Judo wird es praktisch immer in Form von Suri-ashi ausgeführt. Nachstellschritte, die insbesondere für Kata eine typische Bewegungsart sind, werden **Tsugi-ashi** (継ぎ足) genannt. Schließlich ist der Positionswechsel für Wurfeingänge beziehungsweise das Ausweichen bei Ukes Angriff entscheidend. Diese kontrollierten Körperdrehungen nennt man **Tai-sabaki** (体捌き).

Um einen anderen Judoka werfen zu können, muss man seinen Griff durchsetzen können. Daher ist die erste konkrete Phase eines Wettkampfes der Griffkampf (**Kumi-kata**, 組み方). Der „klassische" Griff besteht darin, dass Tori (als Rechtskämpfer) mit seiner linken Hand Ukes rechten Ärmel gegriffen hat und mit seiner rechten Hand Ukes linkes Revers. In dieser Situation ist die linke Hand am Ärmel die sogenannte Zughand (Hikite, 引き手), die rechte Hand am Revers die Hubhand (Tsurite, 吊り手).

Aufgrund der jeweiligen Wettkampfsituation und abhängig von der erstrebten Wurftechnik ist es sinnvoll, spezielle Griffe (am Ärmel, Revers, im Nacken, auf dem Rücken, beidseitig) anzusetzen. Einige Griffe sind verboten (zum Beispiel ans Bein), andere dürfen nur kurzfristig angesetzt werden, um direkt in eine Wurftechnik überzugehen. Verstöße im Griffkampf werden mit „Shido" (leichte Strafe, 指導) oder sogar mit „Hansoku-make" (Disqualifikation) geahndet[31].

Je nach Technik und Wettkampfsituation ist es jedoch erforderlich, seinen Griff zu ändern beziehungsweise sogar zunächst Ukes Griff zu lösen. Grundsätzlich darf Ukes Jacke oberhalb des Gürtels gegriffen werden. Während früher auch der Griff ans Bein im Wettkampf erlaubt war, ist dies inzwischen verboten worden. Damit dürfen einige Beingreiftechniken, die offizielle Kodokan-Techniken sind, nicht mehr im Wettkampf angewendet werden. Des Weiteren unterscheidet man – je nach **Auslage** – zwischen gleicher (**Ai-yotsu**, 相四つ) und gegengleicher Auslage (**Kenka-yotsu**, 喧嘩四つ). Ein Rechtskämpfer (Judoka sind mehrheitlich Rechtskämpfer; für Linkskämpfer ist dies im Wettkampf ein statistisch belegter Vorteil) steht mit seinem rechten Fuß vorne und versucht, mit seiner rechten Hand Ukes Jacke zu greifen. Bei einem Linkskämpfer ist dies entsprechend umgekehrt. Abhängig davon, welche Seite die Judoka bevorzugen, kämpfen sie folglich in gleicher oder gegengleicher Auslage.

---

31 Zu den Kampfregeln siehe Kapitel I.

III. WURFPHASEN

Nachdem Tori seinen Griff aufgenommen hat, ist es sein Ziel, Uke zu destabilisieren (**Kuzushi**, 崩し), um ihn zu werfen. Dies stellt die erste Phase eines Wurfes dar. Im Prinzip kann Tori Ukes Gleichgewicht in acht Richtungen brechen (nach vorne (man-mae), hinten (ma-ushiro), rechts (migi-yoko), links (hidari-yoko) und jeweils als Kombination dieser vier Richtungen, Happo-no-kuzushi, 八方の崩し). Dies geschieht entweder als Aktion durch Druck oder Zug von Tori oder als Reaktion auf Ukes Bewegung. Hierin zeigt sich in gewisser Weise das Zusammenspiel von Tori und Uke beziehungsweise das „ju" in Judo – das flexible Bewegen/Nachgeben von Tori beziehungsweise das Ausnutzen von Ukes Bewegung.

Gute Judoka antizipieren Bewegungen des Gegners beziehungsweise können diese erspüren. Paradebeispiel sind Sehgeschädigte oder Blinde, für die Judo eine attraktive Sportart sein kann; insoweit ist Judo für sie die populärste Kampfsportart[32].

Die zweite Phase eines Wurfes ist der Eingang (**Tsukuri**, 作り). Typischerweise ändert Tori seine Position zu Uke, indem er mit Schritten oder einer Körperdrehung den Wurf ansetzt. Je nach Technik können Kuzushi und Tsukuri aber auch zu einer Einheit verschmelzen.

Die eigentliche Wurfausführung bezeichnet man als **Kake** (掛け). Hier ist wichtig, dass Tori Uke zwar wirft, er aber gleichzeitig die Verantwortung dafür trägt, dass Uke kontrolliert geworfen wird. Dies hat zum einen den Vorteil, dass Tori – sofern die Technik nicht mit Ippon (Punkt, 一本) bewertet wird – mit einer Bodentechnik den Kampf für sich entscheiden kann, zum anderen spiegelt sich in der Verantwortung von Tori für Uke das Judo-Prinzip des gegenseitigen Wohlergehens wider.

---

32 Zu Para Judo siehe Kapitel N I.

Teilweise differenziert man weiter in Ukes Fall (**Nage**, 投) und den endgültigen Wurfabschluss (**Kime**, 極).

IV. ÜBUNGSFORMEN

Einführung

Um Judo-Techniken zu üben, bieten sich – je nach Zielsetzung – verschiedene Formen an, die im Folgenden kurz dargestellt werden und aktiven Judoka aus ihrem Trainingsalltag bekannt sind, weil sie Bestandteil jedes Trainings sind.

Ziel von Judo-Techniken ist (neben dem Sieg im Wettkampf) zunächst die Lösung von Situationen, indem Tori versucht, Uke im Stand zu werfen oder ihn am Boden zu kontrollieren. Allgemein steht am Anfang das Erlernen und anschließend das Verfeinern beziehungsweise Automatisieren der Bewegungen, wobei dies unter vereinbarten (standardisierten) Bedingungen geschieht. Dies bezeichnet man als **Technikerwerbstraining**.

Am wichtigsten ist jedoch, die inzwischen erlernten Techniken auch anzuwenden: Im **Technikanwendungstraining** existieren praktisch keine im Voraus vereinbarten Bedingungen, das heißt, Uke kooperiert nicht (wie noch beim Technikerwerb). Die klassische Übungsform ist Randori – sie wird, unter anderem, im Anschluss dargestellt. Tori soll die erlernten Techniken in komplexen Situationen anwenden und gegebenenfalls variieren.

Um einzelne Teilbewegungen gezielt zu üben oder um besondere konditionelle oder koordinative Voraussetzungen zu schaffen, nutzt man das sogenannte **technische Ergänzungstraining**. Hier geht es letztlich darum, ein Bewegungsgefühl zu entwickeln.

Tandoku-renshu

Tandoku-renshu (単独練習) ist Technik(ergänzungs)training ohne Partner. Ziel ist es, Bewegungsabläufe durch hohe Wiederholungen (und gegebenenfalls Geschwindigkeit) zu automatisieren. Gleichzeitig soll ein Gefühl für die Bewegungen der Judoka entstehen; im Judo kommt es bei Wurftechniken wesentlich auf Timing und Koordination an. Um rhythmische Bewegungen zu üben, ist Tandoku-renshu ideal. Es kann aber auch zum Aufwärmen und zur Koordination von Armen und Beinen bei Wurftechniken eingesetzt werden. Die meisten Übungen im Taiso werden als Tandoku-renshu durchgeführt.

Uchi-komi

Im Gegensatz zu Tandoku-renshu handelt es sich bei Uchi-komi (内込) um Technikeingänge – also ohne die Technik durch Abwurf oder Würge- oder Hebeleffekt zu vollenden. Auch hier ist das Hauptziel, die Technikansätze durch hohe Wiederholungen und Geschwindigkeit zu automatisieren. Daneben sollen bei Wurftechniken der Gleichgewichtsbruch, der richtige Krafteinsatz und das Timing geschult werden.

In Japan haben Uchi-komi im Training einen deutlich höheren Stellenwert als in Deutschland: Aufgrund jahrelanger Automatisierung sind Techniken japanischer Leistungssportler deutlich flüssiger.

Sotai-renshu

Sotai-renshu (相対練習) bezeichnet Techniktraining mit einem Partner, bei dem Uke praktisch keinen Widerstand leistet und für Tori ideale Voraussetzungen für die zu übende Technik herstellt. Für das Technikerwerbstraining ist diese Form als Einstieg sinnvoll.

Yaku-soku-geiko

Yaku-soku-geiko (約束稽古) ist eine Übungsform, bei der Techniken aus der freien Bewegung geübt werden. Tori und Uke vereinbaren das Verhalten von Uke, zum Beispiel dessen Griff, Bewegungen und Widerstand. Yaku-soku-geiko dient dazu, den korrekten Bewegungsablauf von Techniken zu schulen beziehungsweise anschließend zu beschleunigen und zu verbessern.

Nage-komi

Diese Trainingsform ist Wurftraining (投げ込み), das heißt, Uke wird geworfen und beide Judoka gehen gegebenenfalls in die Bodenlage über. Bei diesem Training kann Uke auf eine Weichbodenmatte geworfen werden, was das Fallen bei zahlreichen Wiederholungen angenehmer macht. Gleichzeitig lässt es sich als Belastungstraining für Tori ausgestalten.

Randori

Randori (wörtlich „das Chaos greifen", 乱取り) bezeichnet eine Art von Übungskampf, bei dem die Judoka verschiedene Techniken wettkampfnah üben. Je nach Vereinbarung können bestimmte Situationen simuliert werden. Ziel ist es nicht, Techniken vollständig zu verhindern. Daher ist das häufig in Deutschland anzutreffende Verständnis von Randori als „Übungskampf" (mit der Betonung auf „Kampf") unzutreffend. In Japan ist Randori ein zentraler Bestandteil eines Judo-Trainings und stellt insoweit nicht eine harte Vorstufe in unmittelbarer Nähe zum Wettkampf (Shiai, 試合) dar.

Ursprünglich wurden (Ju-Jutsu-)Techniken erst als Kata gelehrt und gelernt. Anschließend folgten Kontertechniken, die nur realistisch ausgeführt werden konnten, wenn mit der ersten Technik ernsthaft angegriffen wurde. So wich die starre Form nach und nach den situationsabhängigen Techniken im Randori.

Trotzdem ist diese Trainingsform sehr facettenreich, da sie neben dem gesamten Körper unter anderem auch Gleichgewicht, Koordination und Orientierung fördert. Dieses „freie Üben" ist im Judo sehr wichtig, um die erlernten Techniken aus verschiedenen Situationen korrekt anwenden zu können – erst dann weiß man, ob man diese wirklich verstanden hat. Bei der konkreten Ausgestaltung sind praktisch keine Grenzen gesetzt: Kinder können spielerisch zum Kämpfen geführt werden; mit verschiedenen Aufgaben, die im Randori zu lösen sind, können besondere Situationen (zum Beispiel Kumi-kata, Kombinationen, Mattenrand-Situationen) unter taktischen Gesichtspunkten geübt werden; Leistungssportler können in Belastungsrandori ihre physischen Grenzen testen.

Kata

Kata (形, Form)[33] ist eine vereinbarte Anzahl und Reihenfolge von Techniken, die von Tori und Uke idealerweise in Perfektion wiedergegeben wird. Bei Dan-Graduierungen sind sie ein fester Bestandteil. Neben Randori war Kata für *Jigoro Kano* eine der wichtigsten Übungsformen[34].

V. KOMPLEXE BEWEGUNGSABFOLGEN

Im Wettkampf können Judoka einzelne Würfe kaum direkt erfolgreich durchsetzen, sodass sie neben unterschiedlichen Angriffen Techniken miteinander verbinden und in verschiedenen Situationen anwenden kön-

33 Zu den einzelnen Kodokan-Kata siehe Kapitel K.

34 Siehe Kapitel A II.

nen sollten. Im Folgenden werden Begriffe erläutert, die hierfür zum Verständnis erforderlich sind.

Auch das neue Graduierungssystem des DJB legt Wert auf die **Grundkampfkonzeption**, bei der es sich um Grundtechniken handelt, sodass ein (jugendlicher) Judoka zu Beginn seiner Ausbildung aus einem Standardgriff in vier Richtungen Uke werfen kann. Später kann dieser Judoka daraus ein individuelles Kampfkonzept entwickeln, um einerseits seine speziellen Techniken, andererseits seine physischen Voraussetzungen zu berücksichtigen. Ziel ist es, dass die Judoka im Stand Verständnis für Kuzushi und effiziente Wurfansätze entwickeln. Bei Bodentechniken soll Tori Uke kontrollieren und anhand der grundlegenden Bodenkampfprinzipien seine Techniken erfolgreich anwenden.

Für einem konkreten Wettkampf muss dieses Konzept angepasst werden. Im Idealfall kennt man seinen Gegner und hat ihn entsprechend analysiert und kann sich eine Eröffnungsstrategie mit entsprechendem Griffkampf überlegen. Meistens muss Tori jedoch auf Ukes Bewegungen reagieren und die Situation neu lösen.

Um Uke zu kontrollieren, ist Toris Angriff im Wettkampf entscheidend. Insoweit differenzierte bereits *Kano* 1889 zwischen drei verschiedenen Möglichkeiten der kämpferischen Initiative: **Sen-no-sen** (先の先) ist ein Angriff, bei dem Tori Uke angreift und ihm zuvorkommt. Wenn Tori in dem Moment angreift, in dem Uke bereits mental auf Angriff eingestellt ist, aber noch nicht mit der Angriffsbewegung begonnen hat, wird dies als **Sensen-no-sen** (先先の先) bezeichnet, die Angriffe von Tori und Uke sind also fast gleichzeitig. Wenn Uke seine Angriffsbewegung bereits begonnen hat, Tori sich aber verteidigt beziehungsweise kontert, nennt man diese späte Initiative **Go-no-sen** (後の先).

Bei Verbindungen von mehreren Techniken unterscheidet man im Wesentlichen zwischen Kombinationen, Finten und Kontertechniken: **Kombinationen** (Renzoku-waza (連続技) beziehungsweise Renraku-waza (連絡技)) sind Verkettungen von zwei oder mehreren Wurftechniken, wobei die Folgetechnik immer eine Antwort auf Ukes Reaktion zur vorherigen Technik ist. Auf Toris Angriff kann Uke zum Beispiel mit Ausweichen (durch Mitgehen in Angriffsrichtung oder durch eine entgegengesetzte Körperdrehung), Blocken (Absenken des Körperschwerpunkts, häufig zusammen mit dem Verdrehen der Hüfte) oder Übersteigen (über Toris blockierendes Bein) antworten.

Bei einer Kombination muss Tori die erste Technik immer ernsthaft ansetzen. Der Unterschied zwischen Renraku-waza und Renzoku-waza ist, dass der erste Begriff eine Kombination bezeichnet, bei der Tori dieselbe Wurftechnik wiederholt (zum Beispiel O-soto-gari kombiniert mit O-soto-gari), typischerweise handelt es sich um eine fortlaufende Bewegung – während bei Renzoku-waza die Kombination aus verschiedenen Wurftechniken besteht (zum Beispiel Harai-goshi kombiniert mit O-soto-gari), typischerweise ändert Tori die Wurfrichtung.

Davon zu unterscheiden sind **Finten**. Diese sind taktische Handlungen, die dazu dienen, Uke zu studieren, Toris Absicht zu verschleiern oder Uke zu beabsichtigten Reaktionen zu provozieren. Im Gegensatz zu einer Kombination versucht Tori nicht, seine Technik bis zum Niederwurf konsequent durchzusetzen.

Bei **Kontertechniken** (Kaeshi-waza, 返技) versucht Tori ernsthaft, seine Wurftechnik durchzusetzen, aber Uke verhindert dies durch Blocken, Übersteigen oder Ausweichen und wirft Tori aus dieser Situation.

Bei den eben erwähnten Verbindungen spricht man allgemein von **Handlungsketten**: Sofern Tori mit seiner ersten Technik erfolglos geblieben ist, folgt darauf eine weitere Technik als Reaktion auf Ukes Verhalten. Ziel jeder Handlungskette bleibt eine Wertung, im Idealfall die Höchstwertung (Ippon). Folglich muss Tori Uke ernsthaft angreifen wollen, eine Finte genügt dazu nicht.

Eine Handlungskette im Stand kann zum Beispiel mit einem Angriff Toris mit Ko-uchi-gari (Kleine Innensichel, 小内刈) beginnen. Weicht Uke mit seinem angegriffenen Bein zurück, greift Tori wegen dieser Bewegung das andere Bein von Uke mit O-uchi-gari (Große Innensichel, 大内刈) an. Weicht

Uke erneut aus, kann Tori Ukes Bewegung dazu nutzen, um mit Harai-tsuri-komi-ashi (Hebezugfußfegen, 払釣込足) zu werfen.

Am Boden kann Tori Uke zum Beispiel mit Kuzure-kesa-gatame (Variierte Schärpe, 崩袈裟固) kontrollieren. Wenn Uke seinen freien Arm an Toris Oberkörper entlang nach vorne drückt, übernimmt Tori Ukes Bewegung, um Ude-hishigi-waki-gatame (Achselstreckhebel, 腕挫腋固) an diesem Arm anzusetzen. Beugt Uke anschließend seinen angegriffenen Arm, um dessen Überstreckung zu verhindern, kann Tori diese Situation für Ude-garami (Armbeugehebel, 腕緘) ausnutzen.

Ein **Handlungskomplex** umfasst alle vor- und nachbereitenden Handlungen beziehungsweise Techniken um eine (oder mehrere) Haupttechnik(en) – wie dies zum Beispiel bei der eben erwähnten Grundkampfkonzeption der Fall ist. Entscheidend für solche vor- und nachbereitenden Handlungen sind Kumi-kata, Kombinationen, Finten und Kontertechniken, die immer als Antwort auf Ukes Reaktionen gegeben werden müssen.

Im Stand lässt sich zum Beispiel ein Handlungskomplex um Ippon-seoi-nage (Punkt-Schulterwurf, 一本背負投) entwickeln. Diese Wurftechnik kann Tori etwa mit Seoi-nage oder Seoi-otoshi (Schultersturz, 背負落) und Ausweichen in Eindrehrichtung oder einem Hüftblock Ukes vorbereiten. Im Anschluss an eine Finte, um Uke zu einer Verteidigung nach hinten zu veranlassen, kann Tori diese Bewegung zu Ko-uchi-makikomi (Kleine-Innensichel-Drehwurf, 小内巻込) ausnutzen. Auf einen Hüftblock Ukes kann Tori aber auch mit O-soto-gari reagieren.

Die Lieblings- oder Spezialtechnik eines Judoka nennt man **Tokui-waza** (得意技), die ebenfalls Bestandteil eines Handlungskomplexes sein kann.

Insbesondere international erfolgreiche Judoka entwickeln ihren eigenen Kampfstil und bevorzugen aufgrund ihrer körperlichen Voraussetzungen oder ihres Talents bestimmte Situationen oder Techniken. Manche Techniken werden sogar nach Judoka benannt, die typischerweise mit ihnen viele Kämpfe gewonnen haben. Beispiele hierfür sind Khabareli (Variante von Ura-nage (Rückwurf, 裏投)), Kimura-Hebel (Variante von Ude-garami), Kingston-Würger (gerollte Variante zu Katate-jime), Koga-Seoi-nage (von außen eingedrehte Seoi-nage-Variante), Laats-Rolle (Variante von Kata-guruma), Marhenke-Würger (gerollte Kata-juji-jime-Variante (Mischkreuzwürgen, 片十字絞) gegen Bankposition), Neureuther-Würger (Variante von Hadaka-jime (Freies Würgen, 裸絞) aus der Rückenlage) oder Tölzer-Dreher (Umdrehtechnik gegen die Bankposition zu Yoko-shiho-gatame (Seitvierer, 横四方固)).

Die offizielle Kodokan-Technik Kawazu-gake[35] ist vermutlich nach dem Sumotori (相撲取) *Saburo Kawazu* (河津三郎), der im 12. Jahrhundert lebte, benannt. Im Gegensatz zum Judo-Wettkampf ist diese Technik im Sumo erlaubt.

Literaturempfehlungen zur Vertiefung:

Gunter Bischof/Norbert Schöllhorn, Judo – Der Weg zum Erfolg, Aachen 2010

Hans Müller-Deck, Der Weg zum Top-Judoka, Wien 2007

[35] Zu dieser Wurftechnik siehe Kapitel J III.

★ KAPITEL I ★

KAMPFREGELN

I. EINFÜHRUNG

Typischerweise werden die Judo-Wettkampfregeln für den jeweiligen Zyklus der Olympischen Spiele von der IJF festgelegt, vom DJB übernommen und gegebenenfalls für dessen Zuständigkeitsbereich weiter erläutert. Änderungen ergeben sich meistens dadurch, dass Judo durch Regeländerungen „attraktiver" werden soll oder bestimmte Techniken verboten werden, um das Verletzungsrisiko für aktive Judoka zu reduzieren. Im Folgenden werden die wesentlichen Regeln im Überblick erläutert. Für Wettkämpfer ist es besonders wichtig, auf dem aktuellen Stand zu bleiben, weil Regeländerungen dazu führen können, dass sich zum Beispiel der Griffkampf und die Kampftaktik grundlegend ändern beziehungsweise Judoka mitunter kurzfristig ihr Training und ihre Kampfkonzeption an solche Neuerungen anpassen müssen.

Um kämpfen zu dürfen, muss man mindestens den gelben Gürtel tragen. Denn gerade zur Sicherheit von Anfängern sollen Grundkenntnisse im Judo, insbesondere Falltechniken, um sich nicht zu verletzen, vorhanden sein. Das Mindestalter für offizielle Wettkämpfe beträgt acht Jahre. Außerdem muss man neben einem gültigen Judo-Pass grundsätzlich eine gültige DJB-Wettkampflizenz, die 2012 eingeführt wurde und jährlich erneuert werden muss, besitzen.

Früher waren bis zur Volljährigkeit jährliche sportärztliche Untersuchungen, die eine ausreichende Gesundheit bescheinigten, im Judo-Pass zu dokumentieren. Inzwischen sind sie nicht mehr erforderlich. Es schadet jedoch nicht, wenn Judoka, die erstmals oder nach langer Pause wieder an Judo-Turnieren teilnehmen, ihren Arzt konsultieren.

Der Judogi muss bei nationalen Wettkämpfen den DJB-Kampfregeln entsprechen, das heißt, dass er passen muss, also nicht zu eng am Körper sitzen darf, um den Griff des Gegners zu erschweren. Bei internationalen Turnieren muss seit 2015 der Anzug von der IJF lizenziert sein. Dies erkennt man anhand eines aufgenähten Etiketts mit dem IJF-Logo und der Aufschrift „APPROVED JUDOGI".

Momentan sind die Judogi der folgenden Hersteller offiziell von der IJF lizenziert: DANRHO, Daedo, Adidas, essimo, FIGHTart, Fighting Films, GREEN HILL, IPPON GEAR, JURIDCL International Sports, KUSAKURA, le coq sportif, MATSURU, MIZUNO, TaiShan, TOYO Martial Arts Distribution und Yawara Japan.

Wer nicht regelmäßig an (größeren) Judo-Turnieren teilnimmt, benötigt keinen (teureren) Wettkampf-Anzug; ebenso wenig ist dann ein lizenzierter Judogi erforderlich.

Diese Vorgaben dienen dazu, dass kein Judoka sich unfaire Vorteile aufgrund seines Judogi verschaffen kann. Denn ein sehr dicker Stoff oder sehr enger Anzug erschwert bestimmte Griffe und damit letztlich gewisse Techniken. Für eine schnelle Kontrolle gibt es ein spezielles Messgerät (Sokuteiki, 測定器), mit dem Judoka vor Wettkampfbeginn eigenverantwortlich überprüfen können, ob ihr Judogi regelkonform ist. Sollte der Anzug sich erst während des Wettkampfs als regelwidrig herausstellen, wird der betroffene Judoka wegen Unsportlichkeit disqualifiziert. Die Judogi sind über die Jahre länger geworden und sitzen lockerer, um den Griffkampf zu vereinfachen. Aus demselben Grund hat die Dicke des Stoffs abgenommen.

Auf der Rückseite der Jacke muss sich (ab Bundesebene) eine Rückennummer befinden. Diese dient der leichteren Identifizierung der Judoka, insbesondere durch die Zuschauer und die Offiziellen.

Da es sich bei Judo um einen Vollkontaktsport handelt, muss nicht nur der Anzug den Regeln entsprechen und zu Beginn des Wettkampfes sauber sein, sondern die Hygiene der Judoka muss sehr gut sein. Finger- und Zehennägel müssen kurz geschnitten und lange Haare zusammengebunden sein (um den Griffkampf des Gegners nicht zu behindern). Wenn diese Voraussetzungen nicht erfüllt sind, gewinnt der Gegner (vor Kampfbeginn) durch Fusen-gachi (Sieg durch Nichtantreten, 不戦勝ち) beziehungsweise (nach Kampfbeginn) durch Kiken-gachi (Sieg durch Aufgabe, 棄権勝ち). Wenn ein Judoka dreimal erfolglos zum Kampf aufgerufen worden ist, er aber nicht rechtzeitig erscheint, hat er diesen Kampf verloren.

In der Anfangszeit des Judo orientierte man sich an den Ju-Jutsu-Regeln. Allerdings kam es häufig zu schwerwiegenden Verletzungen. *Kanos* Ziel war es daher, gefährliche Techniken, insbesondere Atemi-waza, in Wettkämpfen zu verbieten. Dieser Prozess dauert bis in die Gegenwart an: Hebeltechniken sind zum Beispiel erst seit 1925 auf das Ellbogengelenk beschränkt, früher waren zum Beispiel Kniehebel zulässig. Ebenso wenig gab es zeitliche Begrenzungen, sondern es wurde so lange gekämpft, bis einer der Judoka kampfunfähig war.

II. WETTKAMPFFLÄCHE

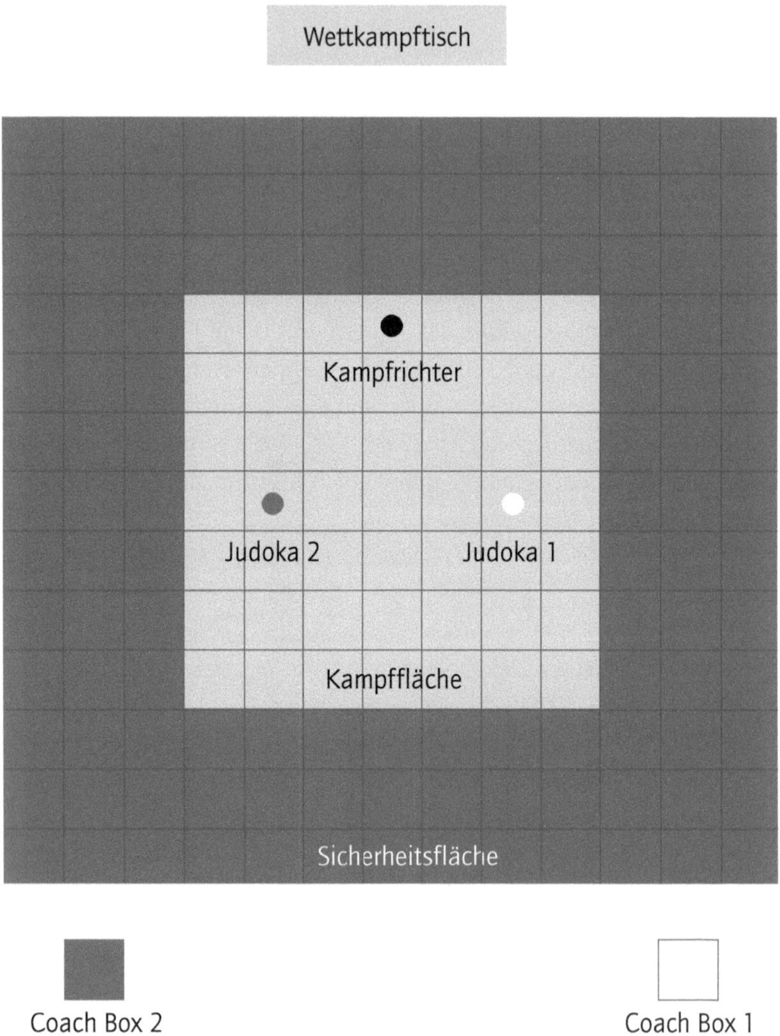

Abbildung 14: Schematische Darstellung der Wettkampffläche

Die quadratische Wettkampffläche besteht aus Tatami. Sie müssen stabil sein, damit sich die Judoka sicher auf ihnen bewegen können, gleichzeitig sollen sie aber bei Würfen den Abwurf mildern sowie Verletzungsrisiken der Wettkämpfer reduzieren. Folglich dürfen die Tatami weder rutschig sein, noch aus einer rauen Oberfläche bestehen. Außerdem dürfen sie - ebenfalls wegen der Verletzungsgefahr - nicht verrutschen. Auf Bundesebene beträgt die Kampffläche mindestens 7 x 7 m^2, umgeben von einer Sicherheitsfläche von weiteren 3 m^2. Während früher die grüne Wettkampffläche von einer 1 m^2 breiten roten Mattenreihe umgeben war, ist heute die Wettkampffläche typischerweise gelb, die Sicherheitsfläche blau. Feste Farben sind jedoch nicht vorgegeben, Kampf- und Sicherheitsfläche müssen sich bloß farblich unterscheiden.

Der Kampf soll auf der Kampffläche stattfinden. Hierbei ist zu beachten, dass Aktionen, die (noch) innerhalb dieser Fläche begonnen werden, gültig sind, auch wenn beide Judoka diese verlassen haben. Dagegen bewertet der Kampfrichter eine neue Technik, die ein Judoka erst angesetzt hat, nachdem beide Kämpfer die Kampffläche verlassen haben, nicht. Entscheidend ist, dass die Aktion nicht unterbrochen wird, sodass eine gleichzeitige Kontertechnik noch bewertet werden kann. Früher wurde der Bodenkampf abgebrochen, wenn beide Kämpfer die Kampffläche verlassen hatten, mittlerweile bleiben Bodentechniken aber gültig, wenn sie innerhalb der Kampffläche angesetzt und außerhalb weitergeführt werden. Dies gilt selbst dann, wenn Uke anschließend die Kontrolle übernimmt. Die Judoka dürfen die Kampffläche nach dem Beginn des Kampfes nur verlassen, wenn der Kampfrichter diese dazu auffordert, zum Beispiel bei einer ärztlichen Untersuchung am Mattenrand. Sofern ein Judoka die Kampffläche ohne Angriff des anderen verlässt, wird er mit Shido bestraft[36].

Außerhalb der Wettkampffläche befinden sich für die Betreuer der Wettkämpfer jeweils abgegrenzte Bereiche mit einem Stuhl (Coach Boxes); sie dürfen mit ihren Athleten allerdings nur während Kampfunterbrechungen (also zwischen den Kampfrichterkommandos „Mate" und „Hajime")

---

[36] Zu den Strafen siehe Kapitel I VI.

kommunizieren. Auf der gegenüberliegenden Seite befindet sich ein Tisch mit einer Anzeige der wichtigsten Informationen (typischerweise Monitore) für den aktuellen Kampf. Hinter dem Tisch befinden sich Zeitnehmer (für die Wettkampf- sowie für die Haltegriffzeit) und Listenführer (die die Ergebnisse erfassen). Während die Wettkampfzeit läuft, hebt einer der Zeitnehmer eine gelbe Flagge, während die Haltegriffzeit läuft, ein weiterer Zeitnehmer eine grüne Flagge[37].

In der Sporthalle müssen schließlich Rettungssanitärer anwesend sein, um bei ernsthaften Verletzungen Erste Hilfe leisten zu können und verletzte Judoka notfalls ins Krankenhaus zu bringen. Glücklicherweise halten sich Verletzungen in Grenzen – ausnahmsweise kann es zu Gelenkverletzungen bis hin zu Knochenbrüchen kommen, typischerweise als Folge von Wurftechniken. Das Verletzungsrisiko beim Judo ist verglichen mit Boxen oder Mixed Martial Arts (MMA) aber deutlich geringer.

III. ALTERSKLASSEN

In Deutschland finden im Kinder- und Jugendbereich Wettkämpfe in den folgenden Altersklassen statt: U11, U13, U15, U18 und U21. Die Altersklasse beginnt für Frauen und Männer ab 17 Jahren. Bei den Veteranen (über 30 Jahre) werden die Klassen im Abstand von jeweils fünf Jahren eingeteilt: Von F1/ M1 (30 bis 34 Jahre) bis zu F7 (über 60 Jahre) beziehungsweise M10 (über 75 Jahre). Die Altersklassen für Kinder, Jugendliche und Veteranen haben den Sinn, eine gewisse Chancengleichheit aus Altersgründen herzustellen.

Die Nachfrage nach Veteranen-Wettkämpfen ist in den letzten 20 Jahren stark angestiegen, ein weiterer Beleg dafür, dass man sein ganzes Leben lang Judo betreiben kann – selbst auf einem anspruchsvollen Wettkampf-Niveau. Unabhängig davon bieten viele Judo-Vereine „Judo für Ältere" als Schwerpunkt an.

[37] Zu den Zeiten siehe Kapitel I V.

IV. GEWICHTSKLASSEN

Die Gewichtsklassen im Kinder- und Jugendbereich sind hier aus Platzgründen nicht erwähnt. Die aktuellen Gewichtsklassen der Frauen sind bis 48 kg, bis 52 kg, bis 57 kg, bis 63 kg, bis 70 kg, bis 78 kg und über 78 kg, bei den Männern sind diese bis 60 kg, bis 66 kg, bis 73 kg, bis 81 kg, bis 90 kg, bis 100 kg und über 100 kg.

Die ersten Weltmeisterschaften im Judo fanden 1956 in Tokyo mit nur einer Gewichtsklasse statt. 1961, als *Anton Geesink* als erster Nicht-Japaner den zweifachen Weltmeister *Koji Sone* (曽根康治, 1928 bis 1983) im Finale besiegte und die Japaner dadurch schockiert hatte, fanden letztmalig die Weltmeisterschaften mit nur einer Gewichtsklasse statt. Als 1964 Judo in Tokyo olympische Sportart wurde, führte man drei Gewichtsklassen neben der offenen Klasse, die *Geesink* im Finale gegen *Akio Kaminaga* (神永 昭夫, 1936 bis 1993) für sich entschied, ein. Seit den Olympischen Spielen 1980 in Moskau gab es acht Gewichtsklassen, 1992 wurde die offene Klasse bei den Olympischen Spielen in Barcelona abgeschafft. 1998 passte man die verbliebenen sieben Gewichtsklassen so an, dass die nächsthöhere Gewichtsklasse immer zehn Prozent mehr als die vorherige Gewichtsklasse beträgt.

Das tatsächliche Gewicht wird direkt vor dem Wettkampf gewogen (beziehungsweise am Vorabend aus organisatorischen Gründen bei großen Veranstaltungen). Da es meistens von Vorteil ist, auf der Waage möglichst genau das Limit der jeweiligen Klasse auszureizen, reduzieren viele Judoka vor Wettkämpfen ihr Gewicht. Besonders im Jugendbereich ist davon aus gesundheitlichen Gründen dringend abzuraten, da ein zu starker Gewichtsverlust typischerweise mit Dehydration und Kraftverlust verbunden ist und das Verletzungsrisiko deutlich erhöht.

Früher gab es eine offene Klasse, bei der die Judoka unabhängig vom Gewicht antraten. Diese erfreute sich insbesondere in Japan großer Beliebtheit, weil sich hier das Judo-Ideal, dass ein körperlich unterlegener

Judoka einen stärkeren besiegen kann, veranschaulichen ließ. Zwar war dies durchaus der Fall, faktisch bedeutete die offene Klasse aber für die Judoka, die in der höchsten Gewichtsklasse starteten, eine „zweite Chance", sodass man diese Kategorie abschaffte. Typischerweise ist ein deutlicher Gewichtsunterschied eben doch ein Wettkampfvorteil für schwerere Judoka.

Gewichtsunterschiede führen in der Tat zu Unterschieden: Im Training können ambitionierte Judoka bewusst mit schwereren Judoka Randori üben, um ihre Techniken unter erschwerten Bedingungen anzuwenden. Bereits unter taktischen Gesichtspunkten werden einige Techniken bei großen Gewichtsunterschieden nicht sinnvoll sein. Aus Zuschauerperspektive sind Wettkämpfe in den leichten Gewichtsklassen attraktiver als solche in den schwereren, weil dort Geschwindigkeit und Schnellkraft zum Erfolg führen – weniger Gewicht und Maximalkraft.

V. WETTKAMPFZEIT UND BESONDERHEITEN

Die Wettkampfzeit beträgt bei den Frauen und Männern inzwischen einheitlich vier Minuten. Hierbei handelt es sich um die Netto-Zeit, das heißt, dass die Wettkampfzeit Unterbrechungen zwischen den Kommandos „Mate" und „Hajime"[38] nicht berücksichtigt. Das Ende der Wettkampfzeit wird durch ein akustisches Signal, typischerweise durch einen Gong, mitgeteilt. Sollte zeitgleich eine Technik ausgeführt werden, wird diese noch bewertet.

Ursprünglich gab es keine Begrenzung der Wettkampfzeit, sondern der Kampf endete, wenn ein Judoka den anderen mit einem Ippon besiegt hatte. In den 1950er Jahren wurde die Wettkampfzeit auf 20 Minuten be-

[38] Zu den Wettkampfkommandos siehe Kapitel I VI.

grenzt, in den 1970er Jahren betrug sie noch 15 Minuten, in den 1980er Jahren 5 Minuten für Männer und 4 Minuten für Frauen. Trotzdem bleibt die Gesamtzeit für Judo-Turniere schlecht kalkulierbar. Dies macht sich insbesondere bei Großveranstaltungen negativ bemerkbar – sowohl für Kämpfer als auch für Zuschauer. Auch Liveübertragungen im Fernsehen haben damit zu kämpfen, dass attraktive Finalkämpfe zeitlich schwierig vorhersehbar sind.

Ferner steht einem Kämpfer eine Pause von zehn Minuten zwischen zwei Kämpfen zu, um sich von dem ersten Kampf erholen zu können.

Im Kinder- und Jugendbereich sowie bei den Veteranen betragen die Wettkampfzeiten drei Minuten. Wenn nach Ablauf der regulären Wettkampfzeit kein Sieger feststeht, wird so lange weitergekämpft, bis ein Judoka eine Wertung – oder Strafe – erzielt („Golden Score").

Einer der beeindruckendsten Kämpfe im „Golden Score" war 2020 im Kodokan die Qualifizierung für die Olympischen Spiele 2021 in Tokyo in der Gewichtsklasse bis 66 kg zwischen den Japanern *Joshiro Maruyama* (丸山城志郎, 1993 geboren) und *Hifumi Abe* (阿部一二三, 1997 geboren). Nachdem während der regulären Wettkampfzeit keiner von beiden eine Wertung erzielt hatte, konnte *Abe* erst nach 20 Minuten den Kampf für sich entscheiden (und 2021 Olympiasieger werden).

Nur ausnahmsweise wird der Sieger direkt nach Ablauf der regulären Wettkampfzeit durch Kampfrichterentscheid (Hiki-wake („unentschieden", 引き分け試合)) bestimmt.

Neben den Einzel- gibt es auch Mannschaftswettbewerbe, bei denen Teams in allen sieben Gewichtsklassen gegeneinander antreten. Die Stimmung ist üblicherweise bei Mannschaftswettbewerben mitreißender als bei Einzelmeisterschaften. Seit den Olympischen Spielen 2021 in Tokyo gibt es auch mit gemischten Mannschaften Medaillen zu erringen.

VI. KAMPFABLAUF

Nachdem das Wiegen abgeschlossen ist, ergibt sich der konkrete Ablauf der Kämpfe aus den Wettkampflisten. Um die Wettkämpfer besser unterscheiden zu können, trägt der zuerst angezeigte Judoka einen weißen Judogi, der zweite einen blauen. Früher war es üblich, zusätzlich zu den (nur weißen) Judogi einen zusätzlichen (weißen oder roten) Wettkampfgürtel zu tragen.

Den Kampf leitet der **Kampfrichter**; ihn unterstützen zwei Außenrichter, die an den gegenüberliegenden Ecken außerhalb der Kampffläche sitzen (sofern kein CARE-System verwendet wird; dies ist ein Videoassistent, mit dem Kampfsituationen erneut betrachtet werden können). Auf einer Anzeige neben den Tatami sieht man die Namen der Kämpfer, ihre Gewichtsklasse, Wertungen und Strafen sowie die verbleibende Wettkampfzeit. Nachdem der Kampfrichter mittels Handzeichen (die gestreckten Arme werden nach vorne zusammengeführt) die Judoka aufgefordert hat, die Matte zu betreten, grüßen diese die Matte (optional) beziehungsweise den Gegner (obligatorisch) durch eine Verbeugung an. Hierbei stehen sich beide Judoka im Abstand von wenigen Metern gegenüber. Der Judoka im weißen Judogi steht immer rechts vom Kampfrichter, der Judoka im blauen Judogi immer links. Mit dem Kommando **„Hajime"** („Beginnt!", 始め) beginnt der Kampf. Die meisten Kommandos werden außerdem mit parallelen Handzeichen verdeutlicht.

Obwohl es eine „Fair Play"-Geste ist, sollen sich die Kämpfer nach diesem Kommando nicht die Hände geben. Dagegen ist es üblich, dass sich die Judoka, nachdem der Kampfrichter den Sieger erklärt hat, nach der (obligatorischen) Verbeugung mittels Handschlags oder Umarmung verabschieden. Dies führte zuletzt im November 2023 bei den Europameisterschaften in Montpellier (Frankreich) bei einem Vorrundenkampf in der Gewichtsklasse bis 48 kg zu Irritationen, als die unterlegene Türkin *Tuğçe Beder* die ausgestreckte Hand der israelischen Judoka *Tamar Malca* nach der Verbeugung ignorierte. Konsequenzen bezüglich des Wettkampfes hatte *Beder* jedoch nicht zu befürchten, ihr Verhalten war regelgerecht.

Die Eröffnungsschritte beim Kampf entsprechend denen einer Kata: Zuerst mit dem linken Fuß einen Schritt vorwärts, anschließend mit dem rechten zur Shizentai-Position. Dies gilt entsprechend am Ende des Kampfes vor dem Verbeugen, allerdings in umgekehrter Reihenfolge der Schritte.

Bei Mannschaftskämpfen betreten vor den jeweiligen Kämpfen beide Mannschaften gemeinsam in Reihenfolge der aufsteigenden Gewichtsklassen die Matte und stehen sich frontal gegenüber. Der Kampfrichter weist sie anschließend jeweils mit dem Kommando „Rei" an, sich zunächst in Richtung der Anzeigetafel zu verbeugen und anschließend zueinander. Nach den Kämpfen am Ende der Begegnung erklärt der Kampfrichter die siegreiche Mannschaft und beide Mannschaften verbeugen sich erneut, allerdings in umgekehrter Reihenfolge.

Ziel ist es, im Griffkampf (Kumi-kata) den Gegner zu kontrollieren (sowie sich gleichzeitig dessen Kontrolle zu entziehen) und ihn mit einer Wurftechnik mit Schwung und Kraft auf den Rücken zu werfen, um einen Punkt (Ippon, 一本) zu erhalten. Am Boden kann der Kampf fortgesetzt werden, hier ist es das Ziel, den Gegner mit einem Haltegriff auf dessen Rücken für 20 Sekunden zu kontrollieren oder ihn durch eine Würgetechnik oder eine Hebeltechnik zur Aufgabe zu zwingen. Somit unterscheidet sich Judo von anderen Kampfsportarten, die Kontrolle des Gegners am Boden reicht nicht aus. Um Verletzungen der Wirbelsäule zu verhindern beziehungsweise riskantes Verhalten im Wettkampf zu vermeiden, ist eine Kopfbrücke verboten (hierbei versucht Uke, sich mit dem Kopf abzufangen, um nicht mit dem Rücken die Matte zu berühren) beziehungsweise wird in solchen Fällen fingiert, dass Uke auf seinen Rücken gefallen wäre – Tori erhält hierfür folglich einen Ippon.

Im Judo-Wettkampf dürfen Würge- und Hebeltechniken nur (noch) am Boden angewendet werden, außerdem darf nur das Ellbogengelenk durch Streck- oder Beugehebel angegriffen werden. Der Gegner schlägt als Zeichen der Aufgabe zweimal hintereinander mit der Hand oder dem Fuß ab (oder ruft „Maitta" (Aufgabe, 参った)). Sollte der Gegner bewusstlos gewürgt werden, wird er zum Schutz seiner Gesundheit für den Rest der Meisterschaft ausgeschlossen.

Bei Bedarf unterbricht der Kampfrichter den Kampf mit **„Mate"** (Warte, 待て). Anschließend wird dieser im Stand fortgesetzt, nachdem die Judoka ihre Ausgangsposition wieder eingenommen haben. Die Unterbrechung zeigt der Kampfrichter dadurch an, dass er den Arm waagerecht nach vorne streckt und die Handfläche mit den Fingern nach oben zeigt. Es kommt insbesondere zu einer Unterbrechung, wenn der Kampfrichter Fehlverhalten bestraft, die Judoka die Kampffläche verlassen haben, der Judogi geordnet werden muss, ein Judoka einen Arzt benötigt oder im Bodenkampf kein klarer Fortschritt zu erkennen ist.

Der Schwerpunkt eines Judo-Kampfes liegt im Stand, wo er immer beginnt. Ebenso setzen die Judoka bei Unterbrechungen am Boden ihren Kampf im Stand mit dem erneuten Griffkampf fort. Grob geschätzt dürfte das Verhältnis vom Stand- zum Bodenkampf 70 zu 30 Prozent betragen. Die Bedeutung von Bodentechniken ist daher geringer – mit Ausnahme der Sonderform des inzwischen nur noch gering verbreiteten Kosen-Judo (高専柔道). Dort liegt der Schwerpunkt im Bodenkampf – ähnlich wie in dem modernen Kampfsport Brazilian Jiu-Jitsu (BJJ). *Tsunetane Oda* (1892 bis 1955) und *Hajime Isogai* gelten als Begründer des Kosen-Judo.

Sollte im Laufe des Kampfes die Jacke nur noch locker sitzen oder teilweise aus dem Gürtel rutschen, muss während einer Wettkampfunterbrechung der Judogi schnell selbständig geordnet werden, ansonsten weist der Kampfrichter den entsprechenden Judoka an, dies zu tun. Dazu kreuzt der Kampfrichter die linke über die rechte Hand in Gürtelhöhe, wobei die Handflächen nach innen zeigen. Dies symbolisiert die übereinandergelegten Seiten der Jacke. Unterlässt ein Judoka das Kleiderordnen oder ist der Gürtel nicht ordnungsgemäß gebunden, kann der Kampfrichter deswegen eine Strafe aussprechen.

Der Kampf endet durch eine technische Wertung (Ippon oder Waza-ari (fast Ippon, 技あり)) oder durch Hansoku-make (Disqualifikation), wenn einer der Kämpfer (maximal) drei Strafen (Shido) erhalten hat. Die Wertung Ippon zeigt der Kampfrichter an, indem er den rechten Arm mit offener Handfläche senkrecht nach oben hebt. Bei der Wertung Waza-ari streckt er den rechten Arm waagerecht zur Seite. Strafen werden vergeben, indem der Kampfrichter mit geschlossener Faust und ausgestrecktem Zeigefinger auf den zu bestrafenden Judoka zeigt. Der Kampfrichter beendet den Kampf mit dem Kommando **„Sore-made"** (それまで). Daraufhin ordnen die Judoka ihre Anzüge, der Kampfrichter zeigt den Sieger an, indem er einen Schritt nach vorne tritt und die Hand mit der Handfläche nach vorne in Richtung Sieger erhebt, die Kämpfer verbeugen sich voreinander und verlassen die Matte.

Die Außenrichter sollen den Kampfrichter unterstützen und von dessen Bewertung abweichende Entscheidungen durch Handzeichen anzeigen. Wenn der Kampfrichter eine höhere Wertung als die Außenrichter anzeigt, gilt die höchste Wertung der Außenrichter. Im umgekehrten Fall einer niedrigeren Wertung muss der Kampfrichter seine Bewertung an die niedrigste Wertung der Außenrichter anpassen. In diesen Fällen annulliert der Kampfrichter seine Wertung dadurch, dass er seine frühere Wertung per Handzeichen wiederholt und gleichzeitig seine andere Hand über dem Kopf zwei- bis dreimal von rechts nach links hin- und herbewegt.

Bei Wurftechniken entscheiden für die Wertung **Ippon** Kraft, Schnelligkeit, Wurf des Gegners auf den Rücken und Kontrolle bis zum Ende der Landung. Dies bedeutet, dass eine Aktion, die keine Kodokan-Wurftechnik darstellt, nicht zu einem Ippon führen kann. Wenn eine Wurftechnik diese Kriterien nicht vollständig erreicht, bewertet der Kampfrichter sie mit **Waza-ari**. Wenn ein Kämpfer zwei Waza-ari erzielt, gewinnt er ebenfalls den Kampf („Waza-ari awasete Ippon" (zwei Waza-ari ergeben Ippon, 技あり 合わせて 一本). Das Handzeichen des Kampfrichters setzt sich in diesem Fall aus denen für Waza-ari und Ippon hintereinander zusammen. Die Wertung Waza-ari betrifft zum Beispiel den Wurf auf die

Seite, eine Schulter oder nur einen Teil des Rückens. Wenn sich Uke auf beiden Ellbogen oder Händen abstützt, um nicht auf dem Rücken zu landen, führt dies neben der Wertung Waza-ari auch zur Bestrafung von Uke mit Shido (指導).

Aufgrund der Wertungen für Würfe ist die Unterscheidung zwischen Stand und Boden wichtig. Außerdem ist es im Stand grundsätzlich nicht erlaubt, unterhalb des Gürtels zu greifen – (insbesondere) um zu werfen. Sobald beide Judoka mit ihren Knien die Matte berühren oder sich einer der beiden in Bauchlage befindet, setzt sich der Kampf am Boden fort. Solange ein stehender Kämpfer mit seinem Griff den knienden Gegner kontrolliert, hat der Bodenkampf noch nicht begonnen. In diesem Fall darf der kniende Judoka geworfen werden, darf aber selbst nicht zur Verteidigung die Beine des anderen greifen – ansonsten bestraft der Kampfrichter dieses Verhalten mit Shido. Dagegen ist das bloße Ziehen in die Bodenlage (ohne Technik) nicht gestattet und wird grundsätzlich ebenso bestraft.

Früher waren insbesondere Beingreiftechniken beliebt, aber auch klassische Versionen von Kodokan-Techniken (wie zum Beispiel Kata-guruma (Schulterrad, 肩車) oder Kibisu-gaeshi (Einhandumdreher, 踵返)) sind durch diese Regeländerung nicht mehr möglich. Dies zeigt, welchen Einfluss Regeländerungen auf den individuellen Kampfstil haben können.

Am Boden wird der Beginn eines Haltegriffs mit **„Osae-komi"** (Haltegriff, 抑え込み) angekündigt. Wenn der Festgehaltene sich innerhalb der Haltegriffzeit befreien kann, signalisiert der Kampfrichter dies mit dem Kommando „Toketa" (gelöst, 溶けた). Um den Kampf mit Ippon durch einen Haltegriff zu gewinnen, muss der Kämpfer den anderen Judoka 20 Sekunden lang festhalten. Hierzu muss Tori Uke von der Seite, von oben oder von hinten kontrollieren, Ukes Rücken auf der Matte liegen und Uke darf Tori nicht mit den Beinen kontrollieren. (Auch wenn Tori Uke auf dessen Rücken kontrolliert, führt also eine „Beinklammer" dazu, dass keine Wertung für einen Haltegriff möglich ist.) Wenn die Haltegriffdauer mindestens zehn Sekunden, aber weniger als 20 Sekunden beträgt, wird diese Aktion mit Waza-ari bewertet. Sollte die Wettkampfzeit während eines Haltegriffs ablaufen, verlängert sich diese, bis der Kampfrichter eine Wertung gibt oder der Haltegriff gelöst ist (Toketa). Das Handzeichen für „Osae-komi" ist ein nach unten in Richtung der Judoka gestreckter Arm, dessen Handfläche nach unten zeigt. Wenn der Haltegriff gelöst ist, bewegt der Kampfrichter seinen Arm zwei- bis dreimal von rechts und links hin und her. Ein Griff um Ukes Kopf herum ist nur zulässig, wenn sich mindestens ein Arm von Uke dazwischen befindet. Um Nackenverletzungen zu verhindern, wird diese Situation mit Mate abgebrochen. Ebenso ist es unzulässig, in das Gesicht des Gegners zu greifen.

Sollte der Kampf am Boden kurz unterbrochen werden müssen (zum Beispiel, weil bei einem Judoka Nasenbluten einsetzt, das gestillt werden muss), ruft der Kampfrichter „Sone-mama" (Position halten, そのまま) und berührt dabei beide Judoka mit seinen Handflächen. Sobald der Bodenkampf in der ursprünglichen Position fortgesetzt werden soll, berührt der Kampfrichter wiederum beide Kämpfer mit seinen Handflächen, ruft „Yoshi" (Weiterkämpfen, よし) und stößt gleichzeitig beide Judoka an.

Regelverstöße werden mit Strafen geahndet: leichte Verstöße mit **„Shido"** (指導), schwere mit **„Hansoku-make"** (反則負け). In einem Kampf führen drei Shido beziehungsweise Hansoku-make zur Niederlage. Bei einer Bestrafung wird der Kampf immer durch „Mate" unterbrochen.

Shido wird meistens für Inaktivität, defensives Verhalten, Scheinangriffe oder unorthodoxe Griffe (wie zum Beispiel der sogenannte „Pistolengriff" oder der „Taschengriff"), um Angriffe des Gegners zu verhindern, vergeben – aber auch, wenn der Judogi nicht geordnet ist. Weitere Beispiele sind das bloße Ziehen in die Bodenlage oder das Verlassen der Kampffläche („Mattenflucht") beziehungsweise das Herausschieben des Gegners aus der Kampffläche, ohne eine Technik anzusetzen beziehungsweise eine Hand oder einen Fuß direkt auf das Gesicht des Gegners zu legen. Ebenso wird das Fassen unterhalb des Gürtels oder das Abtauchen unter den Arm des Gegners ohne eigenen Angriff, das Greifen von Ukes Finger oder das Hineingreifen in einen Ärmel oder ein Hosenbein von

Ukes Judogi mit Shido bestraft. Schließlich wird das Lösen von Ukes Griff ohne sofortiges eigenes Zugreifen, das Griffsprengen mit dem Knie oder das Verhindern von Ukes Griff durch Verdecken des eigenen Revers oder Wegschlagen von Ukes Hand genauso geahndet. Gürtelenden dürfen zwar zum Festlegen von Uke eingesetzt werden, das Umwickeln von Körperteilen mithilfe des Gürtels ist jedoch unzulässig.

Mit Hansoku-make werden gefährliche Techniken oder Verstöße gegen den Geist des Judo (zum Beispiel verbotene Techniken oder grob unsportliches Verhalten) bestraft. Eine direkte Bestrafung mit Hansoku-make kann zum Ausschluss von dem gesamten Wettkampf führen. Da Verletzungen der Wirbelsäule möglichst ausgeschlossen werden sollen, ist das „Tauchen" in die Matte, um besser werfen zu können, verboten. Hierbei versucht Tori, zum Beispiel bei Techniken wie Harai-goshi (Hüftfegen, 払腰) oder Uchi-mata (Innenschenkelwurf, 内股), den Kopf als „drittes Bein" zu verwenden. Ebenso ist es aus Ukes Sicht verboten, den Kopf vorsätzlich zur Verteidigung einzusetzen, um eine Wertung für Tori zu vermeiden – etwa, um nicht direkt auf den Rücken zu fallen.

Gegen den Geist des Judo verstoßen zum Beispiel wegen der großen Verletzungsgefahr Kawazu-gake (Einbeinumschlingung, 河津掛) oder Hebeltechniken, die nicht das Ellbogengelenk angreifen. Ebenso führt das Hebeln im Stand, das Fegen des Standbeins von Uke von innen, wenn Uke selbst eine Technik ansetzt, oder das absichtliche Nachhintenfallen auf Uke wegen des hohen Verletzungsrisikos für Uke zur Disqualifikation. Schließlich kann der Kampfrichter auch Fehlverhalten, ohne dass Uke verletzt werden könnte, mit Hansoku-make bestrafen. Dies ist etwa der Fall, wenn ein Judoka keinen regelkonformen Judogi trägt, die Anweisungen des Kampfrichters nicht befolgt, den Gegner oder Kampfrichter beleidigt oder harte Gegenstände bei sich trägt. Dies kann selbst ein Smartphone sein, das während des Kampfes aus dem Judogi fällt – solche (überflüssigen) Strafen passieren gelegentlich.

Es ist auch möglich, dass beide Judoka gleichzeitig disqualifiziert werden: Wenn beide bereits jeweils zwei Shido erhalten haben und gleichzeitig wegen Inaktivität erneut bestraft werden, verlieren beide den Kampf. Diese Kuriosität gab es bereits in Finalkämpfen, sodass es keinen Sieger gab, sondern nur zwei zweite Plätze.

Gegen den Geist des Judo verstößt auch, dass das iranische Sportministerium iranische Sportler (also auch Judoka) seit vielen Jahren anweist, nicht gegen israelische Sportler anzutreten. So startete bei den Weltmeisterschaften 2019 in Tokyo der Iraner *Saeid Mollaei* (سعید ملایی, 1992 geboren) in der Gewichtsklasse bis 81 kg als amtierender Weltmeister trotzdem, obwohl er möglicherweise gegen den Israeli *Sagi Muki* (שגיא מוקי, 1992 geboren) hätte kämpfen müssen. Tatsächlich kam es nicht zum Finalkampf zwischen den beiden, weil *Mollaei* im Halbfinale ausschied; *Muki* wurde Weltmeister. *Mollaei* floh im Anschluss nach Deutschland, erhielt aber bereits 2019 die mongolische Staatsbürgerschaft und startet seitdem für die Mongolei. 2021 reiste *Mollaei* zum Grand Prix nach Tel Aviv und wurde unter anderem von *Muki* freundlich empfangen. Die IJF suspendierte noch 2019 den iranischen Judo-Verband unbefristet wegen dieses Ethikverstoßes. Der Internationale Sportgerichtshof (Court of Arbitration for Sport (CAS)) mit Sitz in Lausanne (Schweiz) hob jedoch diese Sperre 2021 wieder auf. Der CAS begründete seine Entscheidung damit, dass die IJF damit ihre Befugnisse überschritten habe, und verwies das Verfahren an eine Disziplinar-kommission der IJF zurück. In der Sache stimmte der CAS der IJF zu, der iranische Verband habe formell aber nicht unbefristet suspendiert werden dürfen.

1974 wurden die geringeren Bewertungen Yuko (有効), Koka (効果) und Kinsa (僅差) sowie die Strafen Chui (注意) und Keikoku (警告) eingeführt, die stufenweise zwischen 2009 und 2017 wieder abgeschafft wurden.

Sollte sich ein Judoka während des Kampfes so stark verletzen, dass er nicht mehr weiterkämpfen kann, verliert er den Kampf, wenn er die Verletzung selbst verursacht hat oder die Verletzungsursache nicht ermittelt werden kann. Wenn ihn der andere Judoka vorsätzlich verletzt hat, wird der andere disqualifiziert.

Bei Verletzungen kann der Kampfrichter den Arzt am Mattenrand durch Handzeichen auffordern, den verletzten Judoka zu untersuchen. Kommt der Arzt zu dem Ergebnis, dass der Verletzte nicht weiterkämpfen kann, soll der Kampfrichter dies als Aufgabe (Kiken-gachi) bewerten. Wenn ein Judoka selbst oder ein ihn betreuender Arzt den Kampfrichter um eine medizinische Untersuchung bittet, führt dies ebenfalls zur Aufgabe beziehungsweise zum Sieg des Gegners.

Bei blutenden Verletzungen unterbricht der Kampfrichter den Kampf, damit der Arzt diese Verletzung behandeln kann. Sollte dieselbe Verletzung nach zwei Behandlungen noch immer bluten, gewinnt der Gegner mit Sieg durch Aufgabe. Kleine Verletzungen (wie zum Beispiel ausgerenkte Finger) darf der verletzte Judoka selbst behandeln und anschließend weiterkämpfen. Sollte ein Judoka aufgrund einer Würgetechnik das Bewusstsein verlieren, wird er zur Sicherheit vom gesamten weiteren Wettkampf ausgeschlossen.

Im Kinder- und Jugendbereich sowie bei den Veteranen gelten einige Sonderregeln: So sind zum Beispiel Techniken mit hohem Verletzungsrisiko (etwa Griffe um den Nacken oder Abtauchtechniken) sowie gegebenenfalls Hebel- und Würgetechniken zum Schutz der Judoka verboten.

Zwar ist Judo ein Vollkontakt-Kampfsport, bei dem keine Schutzausrüstung (Kopfschutz, Schienbeinschoner usw.) getragen werden darf. Ernsthafte Verletzungen wie Knochenbrüche oder Bänderrisse sind aber die absolute Ausnahme. *Jigoro Kano* hatte von Anfang an gefährliche Ju-Jutsu-Techniken nicht in sein Kodokan-Judo übernommen und auch die IJF passt ihre Wettkampfregeln so an, dass Verletzungsrisiken bei Judo-Turnieren für Judoka minimiert werden. Ganz ohne (kleine) Verletzungen, wie Hautabschürfungen und blaue Flecken, wird regelmäßiges Judo-Training jedoch nicht ablaufen. Judo-Leistungssportler, insbesondere Bodenspezialisten, kann man gelegentlich an ihren charakteristischen „Blumenkohl-Ohren" erkennen, durch häufiges Fallen können zudem die Schultergelenke in Mitleidenschaft gezogen werden.

Typischerweise wird nach dem sogenannten **doppelten K.O.-System** gekämpft. Dies bedeutet, dass man trotz einer Niederlage noch das Finale erreichen und damit das Turnier gewinnen kann. Nach der Auslosung der Kämpfe der ersten Runde kämpfen die Gewinner in der nächsten Runde weiter – bis schließlich das Finale erreicht ist. Die Verlierer kämpfen in der „Trostrunde" weiter: Wer seinen zweiten Kampf verliert, scheidet endgültig aus. Der erfolgreichste Judoka in der „Trostrunde" steht schließlich ebenfalls im Finale.

Bei DJB-Veranstaltungen dürfen Doping-Kontrollen durchgeführt werden.

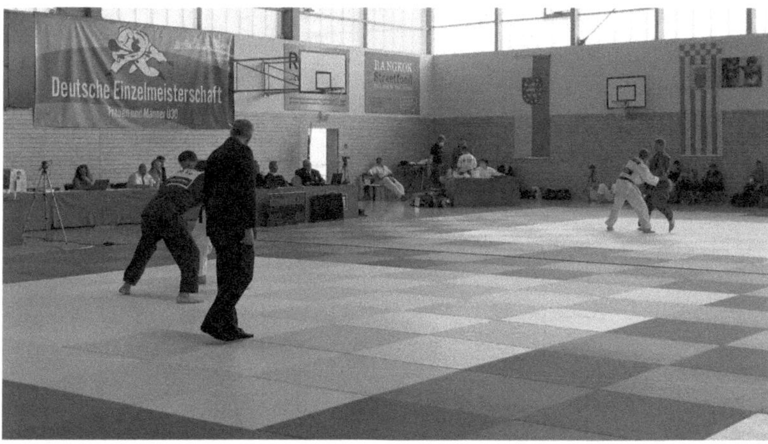

Abbildung 15: Deutsche Meisterschaften

Wettkampfregeln der IJF und des DJB:

Sport and Organisation Rules (IJF): https://www.judobund.de/fileadmin/_horusdam/18923-IJF_Sport_and_Organisation_Rul-1646858825.pdf (Englisch)

Kampfregeln (DJB): https://www.judobund.de/fileadmin/user_upload/judobund.de/Downloads/Regeln_und_Ordnungen/DJB_Kampfregeln_2024_ueberarbeitet_03022024.pdf

Literaturempfehlungen zur Vertiefung:

Franck Bellard, Ma diététique de judoka, Paris 2003 (Französisch)

Amelie Rosseneu/Roni Schwartz, Gewichtmachen & alles, was dazu gehört, 2019

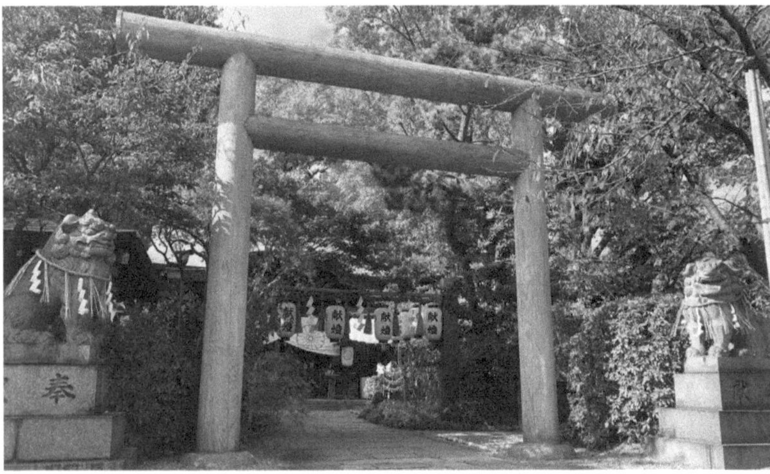

Abbildung 16: Shinto-Schrein in Osaka

★ KAPITEL J ★

JUDO-TECHNIKEN

I. ÜBERBLICK

Die 100 Techniken des Kodokan-Judo lassen sich wie folgt strukturieren: Grundlegend unterscheidet das Kodokan zwischen Wurftechniken (Nage-waza, 投技) und Kontrolltechniken (Katame-waza, 固技).

Die **Wurftechniken** teilen sich in fünf Untergruppen auf: Handtechniken (Te-waza, 手技), Hüfttechniken (Koshi-waza, 腰技), Beintechniken (Ashi-waza, 足技) sowie Opferwürfe, bei denen Tori entweder auf den Rücken (Ma-sutemi-waza, 真捨身技) oder auf die Seite fällt (Yoko-sutemi-waza, 横捨身技). Die ersten drei Gruppen fasst man als Tachi-waza (立ち技) zusammen, weil Tori sein Gleichgewicht behält, während die letzten beiden als Sutemi-waza (捨身技) bezeichnet werden – hier fällt Tori selbst beziehungsweise „opfert" sein Gleichgewicht, um Uke zu werfen.

<table>
<tr><td rowspan="5">Nage-waza</td><td rowspan="3">Tachi-waza</td><td>Te-waza</td></tr>
<tr><td>Koshi-waza</td></tr>
<tr><td>Ashi-waza</td></tr>
<tr><td rowspan="2">Sutemi-waza</td><td>Ma-sutemi-waza</td></tr>
<tr><td>Yoko-sutemi-waza</td></tr>
</table>

Katame-waza sind **Kontrolltechniken**, die typischerweise am Boden durchgeführt werden, dies ist jedoch nicht zwingend. Bodentechniken werden als Ne-waza (**寝技**) bezeichnet. Das Kodokan unterscheidet zwischen Haltetechniken (Osae-komi-waza, **抑込技**), Würgetechniken (Shime-waza, **絞技**) und Hebeltechniken (Kansetsu-waza, **関節技**).

<table>
<tr><td rowspan="3">Katame-waza</td><td>Osae-komi-waza</td></tr>
<tr><td>Shime-waza</td></tr>
<tr><td>Kansetsu-waza</td></tr>
</table>

Die 100 Kodokan-Techniken unterteilen sich in 68 Würfe, 10 Haltetechniken, 12 Würgetechniken und 10 Hebeltechniken.

Ferner können als weitere Technikgruppen Falltechniken (Ukemi-waza, **受け身技**) sowie Schlag- und Tritttechniken (Atemi-waza, **当て身技**) aufgeführt werden. Im weitesten Sinn kann man auch Gymnastik (Taiso, **体操**) und Erste Hilfe (Kappo, **活法**) als Randbereiche aufführen.

Weitere Systematisierungen gibt es zum Beispiel von *Mikinosuke Kawaishi*, dessen System sich in Europa nach dem Zweiten Weltkrieg stark verbreitete und, besonders in Frankreich, noch immer prägend ist. In Deutschland war die Systematisierung durch das DDK und die Judo-Lehrbücher von *Wolfgang Weinmann* (1934 bis 2017) bestimmt, sodass als Standtechniken im Wesentlichen die 40 Würfe der Gokyo gelehrt wurden. Die Bodentechniken orientierten sich zunächst an dem System von *Kawaishi* (17 Haltetechniken, jeweils sieben Gruppen von Hebel- und Würgetechniken), wurden aber maßgeblich von *Wolfgang Hofmann* (1941 bis 2020) neu systematisiert und entsprechend durch das Ausbildungs- und Prüfungsprogramm des DJB verbreitet. Seit 2022 folgt der DJB dem Kodokan, wegen der jahrzehntelangen Ausbildung dürften sich die „alten" Begriffe im Trainingsalltag aber noch lange halten.

Bei dem Vergleich von Techniken unterschiedlicher Systeme sind Namen mit Vorsicht zu behandeln: Teilweise bezeichnen dieselben Namen unterschiedliche Techniken oder Gruppen. Ebenso sind teilweise Techniken einer Gruppe ohne erkennbaren Grund zugeordnet worden beziehungsweise werden deren Charakteristika nicht immer konsequent beibehalten.

II. UKEMI-WAZA

Ukemi-waza sind Falltechniken, die dazu dienen, dass sich Uke bei Wurftechniken nicht verletzt. Diese Techniken sind daher besonders für Anfänger wichtig. Hierbei differenziert man nach der Fallrichtung (vorwärts („Judorolle"), seitwärts und rückwärts). Die Techniken können mit Liegenbleiben oder Aufstehen durchgeführt werden. Wenn Tori vorwärts fällt, ohne die Hände dabei aufzusetzen, bezeichnet man dies als freien Fall. Diese Falltechnik ist bei einigen Wurftechniken erforderlich, die aber erst Fortgeschrittene lernen. Somit ist sichergestellt, dass gerade Anfänger nicht abgeschreckt werden, sondern Schritt für Schritt an den „sanften Weg" herangeführt werden.

Japanische Bezeichnung:	Deutsche Bezeichnung:
Mae-ukemi (前受身)	Vorwärtsfallen
Mae-mawari-ukemi (前回り受身)	Judorolle vorwärts
Tobi-ukemi (飛び受け身)	Freier Fall
Ushiro-ukemi (後ろ受身)	Rückwärtsfallen
Yoko-ukemi (横受身)	Seitwärtsfallen

III. NAGE-WAZA

Gokyo

Bereits 1895 fasste *Jigoro Kano* (zusammen mit seinen Schülern *Hideichi Nagaoka*, *Yoshitsugu Yamashita* und *Sakujiro Yokoyama* (横山 作次郎, 1864 bis 1912) die Wurftechniken des Kodokan-Judo in der Gokyo-no-waza (五教の技) zusammen, um 42 Techniken systematisch in fünf Gruppen zu ordnen. Vermutlich standen besonders praxisrelevante Techniken in den ersten Gruppen, die wahrscheinlich auch in dieser Reihenfolge gelehrt wurden.

1920 überarbeitete ein Gremium unter der Leitung *Kanos* und Beteiligung von *Shojiro Hashimoto*, *Kunio Murakami*, *Hideichi Nagaoka*, *Tsunetane Oda* und *Yoshitsugu Yamashita* die Gokyo-no-waza. Die fünf Gruppen blieben erhalten, umfassten jedoch jeweils acht Wurftechniken. Diese Überarbeitung wird bis heute als Gokyo-no-kaisetsu (Erläuterung in fünf Stufen, 五教の解説) bezeichnet, meistens jedoch nur schlicht als „Gokyo". Der Grund für diese neue Systematisierung dürfte in der Entwicklung des Judo liegen, das heißt, dass populäre Würfe, die sich im Randori bewährt hatten, zum Anfang gruppiert wurden, während anspruchsvollere Techniken später folgten. Diese Neueinteilung gilt unverändert seit mehr als 100 Jahren noch heute. Diese 40 Würfe bildeten außerdem viele Jahrzehnte die zentrale Grundlage für das Standprogramm der Kyu-Prüfungen des DJB.

1. Gruppe (Ikkyo, 一教)	
Japanische Bezeichnung:	Deutsche Bezeichnung:
De-ashi-harai (出足払)	Fußfegen
Hiza-guruma (膝車)	Knierad
Sasae-tsurikomi-ashi (支釣込足)	Hebezugfußhalten
Uki-goshi (浮腰)	Hüftschwung
O-soto-gari (大外刈)	Große Außensichel

O-goshi (大腰)	Großer Hüftwurf
O-uchi-gari (大内刈)	Große Innensichel
Seoi-nage (背負投)	Schulterwurf

2. Gruppe (Nikyo, 二教)	
Japanische Bezeichnung:	Deutsche Bezeichnung:
Ko-soto-gari (小外刈)	Kleine Außensichel
Ko-uchi-gari (小内刈)	Kleine Innensichel
Koshi-guruma (腰車)	Hüftrad
Tsurikomi-goshi (釣込腰)	Hebezughüftwurf
Okuri-ashi-harai (送足払)	Fußnachfegen
Tai-otoshi (体落)	Körperwurf
Harai-goshi (払腰)	Hüftfegen
Uchi-mata (内股)	Innenschenkelwurf

3. Gruppe (Sankyo, 三教)	
Japanische Bezeichnung:	Deutsche Bezeichnung:
Ko-soto-gake (小外掛)	Kleines Einhaken
Tsuri-goshi (釣腰)	Hüftzug
Yoko-otoshi (横落)	Seitfallzug
Ashi-guruma (足車)	Beinrad
Hane-goshi (跳腰)	Hüftspringwurf
Harai-tsurikomi-ashi (払釣込足)	Hebezugfußfegen
Tomoe-nage (巴投)	Kopfwurf
Kata-guruma (肩車)	Schulterrad

4. Gruppe (Yonkyo, 四教)	
Japanische Bezeichnung:	Deutsche Bezeichnung:
Sumi-gaeshi (隅返)	Eckenwurf
Tani-otoshi (谷落)	Talfallzug
Hane-makikomi (跳巻込)	Springdrehwurf
Sukui-nage (掬投)	Schaufelwurf
Utsuri-goshi (移腰)	Wechselhüftwurf

O-guruma (大車)	Großes Rad
Soto-makikomi (外巻込)	Außendrehwurf
Uki-otoshi (浮落)	Schwebehandzug

5. Gruppe (Gokyo, 五教)	
Japanische Bezeichnung:	**Deutsche Bezeichnung:**
O-soto-guruma (大外車)	Großes Außenrad
Uki-waza (浮技)	Rückfallzug
Yoko-wakare (横分)	Seitenriss
Yoko-guruma (横車)	Seitenrad
Ushiro-goshi (後腰)	Hüftgegenwurf
Ura-nage (裏投)	Rückwurf
Sumi-otoshi (隅落)	Eckenkippe
Yoko-gake (横掛)	Seitliches Einhängen

Habukareta-waza

1982 fügte das Kodokan eine zusätzliche Gruppe mit acht Würfen hinzu, die es 1920 herausgenommen hatte (die sogenannten „herausgenommenen Techniken“, Habukareta-waza, 省かれた技).

Japanische Bezeichnung:	Deutsche Bezeichnung:
Obi-otoshi (帯落)	Gürtelsturz
Daki-wakare (抱分)	Rumpfüberwurf
Hikikomi-gaeshi (引込返)	Zugkonter
O-soto-otoshi (大外落)	Großer Außensturz
Tawara-gaeshi (俵返)	Reisballen-Gegenwurf
Uchi-makikomi (内巻込)	Innendrehwurf
Seoi-otoshi (背負落)	Schultersturz
Yama-arashi (山嵐)	Bergsturm

Shinmeisho-no-waza

Ebenfalls 1982 erkannte das Kodokan weitere 17 Techniken als offizielle Kodokan-Würfe an und fasste sie in einer weiteren Gruppe namens Shinmeisho-no-waza („neuakzeptierte Techniken", 新明初の技) zusammen. 1997 folgten mit Ippon-seoi-nage (Punkt-Schulterwurf, 一本背負投) sowie Sode-tsurikomi-goshi (Ärmelhebehüftwurf, 袖釣込腰) zwei weitere Würfe. 2017 wurde Daki-age (Ausheber, 抱上) entfernt und Obi-tori-gaeshi (帯取返) sowie Ko-uchi-makikomi (小内巻込) hinzugefügt, sodass diese Gruppe seitdem 20 Techniken enthält und das Kodokan-Judo 68 Wurftechniken kennt.

Japanische Bezeichnung:	Deutsche Bezeichnung:
Morote-gari (双手刈)	Beidhändige Sichel
Kuchiki-taoshi (朽木倒)	Baumfällwurf
Kibisu-gaeshi (踵返)	Einhandumdreher
Ko-uchi-gaeshi (小内返)	Kleine-Innensichel-Konter
Uchi-mata-sukashi (内股すかし)	Innenschenkelwurf- Leerlauf-Wurf
Tsubame-gaeshi (燕返)	Schwalben-Konter
O-soto-gaeshi (大外返)	Große-Außensichel-Konter
O-uchi-gaeshi (大内返)	Große-Innensichel-Konter
Hane-goshi-gaeshi (跳腰返)	Hüftspringwurf-Konter
Harai-goshi-gaeshi (払腰返)	Hüftfegen-Konter
Uchi-mata-gaeshi (内股返)	Innenschenkelwurf-Konter
Harai-makikomi (払巻込)	Hüftdrehwurf
O-soto-makikomi (大外巻込)	Großer Außendrehwurf
Uchi-mata-makikomi (内股巻込)	Innenschenkeldrehwurf
Kani-basami (蟹挟)	Krebsschere
Kawazu-gake (河津掛)	Kawazu-Einhaken
Ippon-seoi-nage (一本背負投)	Punkt-Schulterwurf
Sode-tsurikomi-goshi (袖釣込腰)	Ärmelhebehüftwurf
Obi-tori-gaeshi (帯取返)	Gürtelgriff-Konter
Ko-uchi-makikomi (小内巻込)	Kleine-Innensichel-Drehwurf

Einteilung nach den fünf Technikuntergruppen

Alternativ – nach den oben genannten Technikuntergruppen – lassen sich die 68 Wurftechniken des Kodokan seit 2017 folgendermaßen sortieren: 16 Te-waza, 10 Koshi-waza, 21 Ashi-waza, 5 Ma-sutemi-waza und 16 Yoko-sutemi-waza.

Hierbei ist zu betonen, dass es häufig keine einzig richtige Ausführung der Würfe gibt (auch wenn einige Trainer nur „ihre" Version unterrichten), sondern vielmehr nur eine allgemeine Definition des Kodokan existiert, die Technik aber aufgrund der persönlichen Eigenschaften des jeweiligen Judoka modifiziert und etwas anders ausgeführt werden kann.

Te-waza (手技)	
Japanische Bezeichnung:	Deutsche Bezeichnung (mit wesentlichen Erläuterungen des Kodokan in Klammern)[39]:
Seoi-nage (背負投)	Schulterwurf (Technik, bei der Tori Uke über die rechte Schulter wirft, indem er Ukes Gleichgewicht nach vorne bricht und Tori seinen rechten Ellbogen unter Ukes rechte Achsel schiebt, um Uke auf den Rücken zu laden)
Ippon-seoi-nage (一本背負投)	Punkt-Schulterwurf (Technik, bei der Tori Uke über die rechte Schulter wirft, indem er Ukes Gleichgewicht nach vorne bricht und Ukes rechten Arm mit seinem rechten Arm von innen unter Ukes Achsel eingedreht hält, um ihn auf den Rücken zu laden)
Seoi-otoshi (背負落)	Schultersturz (Technik, bei der Tori Uke nach unten zieht und wirft, indem er Ukes Gleichgewicht nach vorne bricht, wobei sich Tori auf ein oder beide Knie fallen lässt, um Uke auf den Rücken zu laden)

39 Beschrieben ist die rechte Ausführung der Techniken, weil Judoka mehrheitlich Rechtshänder sind.

Tai-otoshi (体落)	Körperwurf (Technik, bei der Tori Uke nach unten zieht und wirft, indem er Ukes Gleichgewicht nach vorne bricht, Tori seinen Körper nach links dreht und seinen rechten Fuß vor Ukes rechten Fuß stellt)
Kata-guruma (肩車)	Schulterrad (Technik, bei der Tori Uke auf beide Schultern über den Nacken aushebt und ihn nach unten wirft, indem er Ukes Gleichgewicht nach vorne bricht, wobei Tori Ukes rechten Oberschenkel mit seinem rechten Arm von innen fasst)
Sukui-nage (掬投)	Schaufelwurf (Technik, bei der Tori Uke aushebt und wirft, indem er Ukes Gleichgewicht nach hinten bricht, dabei greift Tori von der rechten Seite hinter Uke mit beiden Armen Ukes Oberschenkel von vorne; oder eine Technik, bei der Tori Uke an einem seiner Oberschenkel hochhebt und wirft, wobei Tori seine Hand zwischen Ukes Beine schiebt und Ukes Oberschenkel greift[40])
Obi-otoshi (帯落)	Gürtelsturz (Technik, bei der Tori Uke aushebt und wirft, indem er Ukes Gürtel vorne mit der rechten Hand fasst und die Hüfte mit der linken Hand, gleichzeitig hinter Uke tritt, um Ukes Gleichgewicht nach hinten zu brechen und ihn auszuheben)
Uki-otoshi (浮落)	Schwebehandzug (Technik, bei der Tori Uke in einer Kreisbewegung wirft, indem er Ukes Gleichgewicht nach vorne bricht und ihn nach vorne rechts herunterzieht)
Sumi-otoshi (隅落)	Eckenkippe (Technik, bei der Tori Uke schiebt und über seine Ferse wirft, indem er Ukes Gleichgewicht nach hinten rechts bricht, seinen linken Fuß an die Außenseite von Ukes rechtem Fuß setzt und links an ihm vorbeigeht)

40 In Deutschland ist diese Variante als Te-guruma (Handrad, 手車) bekannt.

Yama-arashi (山嵐)	Bergsturm (Technik, bei der Tori Ukes rechtes Bein mit seinem rechten Fuß fegt und Uke wirft, indem er Ukes rechten Ärmel mit der linken Hand fasst und mit der rechten Ukes rechtes Revers greift (Daumen innen), während Tori ihn aus dem Gleichgewicht bringt, indem er ihn nach vorne aushebt)
Obi-tori-gaeshi (帯取返)	Gürtelgriff-Konter (Technik, bei der Tori Uke über die rechte Schulter wirft, indem er Ukes Gürtel über Ukes Rücken mit der rechten Hand greift und mit der linken Hand Ukes rechten Arm oder Bein fasst, um Uke auszuheben)
Morote-gari (双手刈)	Beidhändige Sichel (Technik, um Uke zu werfen, indem Tori beide Beine Ukes von außen mit beiden Händen greift und sichelt)
Kuchiki-taoshi (朽木倒)	Baumfällwurf (Technik, um Uke nach hinten zu werfen, indem Tori ein Bein von Uke entweder von innen oder von außen mit einer Hand festhält und nach oben zieht sowie gleichzeitig mit der anderen Hand nach hinten drückt)
Kibisu-gaeshi (踵返)	Einhandumdreher (Technik, bei der Tori Uke wirft, indem er aus dem Kniestand Ukes Ferse entweder von innen oder von außen mit einer Hand sichelt)
Uchi-mata-sukashi (内股すかし)	Innenschenkelwurf-Leerlauf-Wurf (Technik, mit der Tori Ukes Uchi-mata-Ansatz leerlaufen lässt, indem er Ukes Bein ausweicht und ihn mit einer Drehbewegung der Hände wirft)
Ko-uchi-gaeshi (小内返)	Kleine-Innensichel-Konter (Technik, mit der Tori Ukes Ko-uchi-gari-Ansatz ausweicht und ihn mit einer Drehbewegung der Hände wirft)

Koshi-waza (腰技)	
Japanische Bezeichnung:	**Deutsche Bezeichnung:**
Uki-goshi (浮腰)	Hüftschwung (Technik, bei der Tori Uke wirft, indem er Ukes Gleichgewicht nach vorne bricht, wobei er seinen rechten Arm unter Ukes linke Achsel auf seine Hüfte führt, um Uke leicht auf die Hüfte zu ziehen und herumzuschwingen)
O-goshi (大腰)	Großer Hüftwurf (Technik, mit der Tori Uke auf seine Hüfte aufhebt, um ihn unter Gleichgewichtsbruch nach vorne zu werfen, wozu Tori mit seinem rechten Arm unter Ukes linker Achsel um dessen Hüfte greift)
Koshi-guruma (腰車)	Hüftrad (Technik, bei der Tori Uke um die Hüftachse dreht und wirft, indem er Ukes Gleichgewicht nach vorne bricht und Ukes Nacken mit dem rechten Arm umfasst, während er sich mit seiner Hüfte weit eindreht)
Tsurikomi-goshi (釣込腰)	Hebezughüftwurf (Technik, bei Tori Uke auf seine Hüfte auflädt und sein Gleichgewicht nach vorne bricht, indem er mit der rechten Hand Ukes linkes Revers greift, hochzieht und Uke nach vorne wirft)
Sode-tsurikomi-goshi (袖釣込腰)	Ärmelhebehüftwurf (Technik, bei der Tori Uke auf seine Hüfte auflädt und sein Gleichgewicht nach vorne bricht, indem er mit der rechten Hand Ukes linken Ärmel greift, hochzieht und Uke nach vorne wirft)
Harai-goshi (払腰)	Hüftfegen (Technik, bei der Tori Uke mit seinem rechten Bein fegt und wirft, indem er Ukes Gleichgewicht nach vorne bricht und ihn mit seiner rechten Hüfte aushebt)
Tsuri-goshi (釣腰)	Hüftzug (Technik, bei der Tori Uke auf seine Hüfte hebt und wirft, indem er Ukes Gleichgewicht nach vorne bricht und dabei Ukes Gürtel mit der rechten Hand von hinten greift, um Uke an sich heranzuziehen)

Hane-goshi (跳腰)	Hüftspringwurf (eingesprungene Technik, bei der Tori Uke mit seiner rechten Hüfte und seinem rechten Bein aushebt und wirft, indem er Ukes Gleichgewicht nach vorne bricht)
Utsuri-goshi (移腰)	Wechselhüftwurf (Kontertechnik gegen Ukes geblockten Wurfansatz, indem Tori mit seinem rechten Arm Uke fasst, aushebt und um seine nach vorne geschobene Hüfte schwingt und nach vorne wirft)
Ushiro-goshi (後腰)	Hüftgegenwurf (Kontertechnik gegen Ukes Wurfansatz, bei der Tori in die Knie geht, von der Seite um Ukes Hüfte greift, ihn aushebt und senkrecht nach unten wirft)

Ashi-waza (足技)	
Japanische Bezeichnung:	**Deutsche Bezeichnung:**
De-ashi-harai (出足払)	Fußfegen (Technik, bei der Tori mit seiner linken Fußsohle Ukes rechten Fuß von außen fegt und sofort wirft, wenn Uke einen Vorwärtsschritt macht und gerade seinen Fuß belasten möchte)
Hiza-guruma (膝車)	Knierad (Technik, bei der Tori Ukes Gleichgewicht nach vorne bricht und wirft, indem er Ukes rechtes Knie mit seinem linken Fuß blockiert und ihn um diesen dreht)
Sasae-tsurikomi-ashi (支釣込足)	Hebezugfußhalten (Technik, bei der Tori mit seinem linken Fuß Ukes rechten Fußknöchel blockiert und Ukes Gleichgewicht bricht, indem er ihn nach vorne hebt)
O-soto-gari (大外刈)	Große Außensichel (Technik, bei der Tori Ukes rechtes belastetes Bein von außen mit seinem rechten Bein sichelt und ihn wirft, indem er Ukes Gleichgewicht nach hinten bricht)
O-uchi-gari (大内刈)	Große Innensichel (Technik, bei der Tori Ukes linkes Bein von innen mit seinem rechten Bein sichelt und ihn wirft, indem er Ukes Gleichgewicht nach hinten bricht)

Ko-soto-gari (小外刈)	Kleine Außensichel (Technik, bei der Tori Ukes rechten Fuß von außen mit seinem linken Bein sichelt und ihn wirft, indem er Ukes Gleichgewicht nach hinten bricht)
Ko-uchi-gari (小内刈)	Kleine Innensichel (Technik, bei der Tori Ukes rechten Fuß von innen mit seiner rechten Fußsohle sichelt und wirft, indem er Ukes Gleichgewicht nach hinten bricht)
Okuri-ashi-harai (送足払)	Fußnachfegen (Technik, bei der Tori Uke nach links führt und mit seiner linken Fußsohle Ukes rechten Fuß fegt, so dass sich beide Füße von Uke berühren und weggefegt werden)
Uchi-mata (内股)	Innenschenkelwurf (Technik, bei der Tori mit seinem rechten Oberschenkel innen an Ukes linkem Oberschenkel entlangfegt und aushebt, indem er Ukes Gleichgewicht nach vorne bricht)
Ko-soto-gake (小外掛)	Kleines Einhaken (Technik, bei Tori Uke wirft, indem er Ukes Gleichgewicht nach hinten bricht, wobei er seinen linken Fuß oder sein linkes Bein von außen an Ukes rechtem Knöchel einhakt und mit beiden Händen Ukes Körper anhebt)
Ashi-guruma (足車)	Beinrad (Technik, bei der Tori sein rechtes Bein an Ukes rechtes Knie ansetzt und ihn um diese Achse dreht, Uke anhebt und Ukes Gleichgewicht nach vorne bricht)
Harai-tsurikomi-ashi (払釣込足)	Hebezugfußfegen (Technik, bei der Tori mit seiner linken Fußsohle Ukes rechten Knöchel von vorne fegt, während er Uke nach vorne anhebt, zieht und sein Gleichgewicht bricht)
O-guruma (大車)	Großes Rad (Technik, bei der Tori Ukes Hüfte/Unterleib mit seinem rechten Bein blockiert und Uke um diese Achse dreht, indem er Ukes Gleichgewicht nach vorne bricht und ihn wirft)

O-soto-guruma (大外車)	Großes Außenrad (Technik, bei der Tori sein rechtes Bein diagonal hinter beide Beine von Uke platziert, um Uke um diese Achse zu drehen, indem Tori Ukes Gleichgewicht nach hinten bricht)
O-soto-otoshi (大外落)	Großer Außensturz (Technik, bei der Tori mit seinem rechten Bein hinten an Ukes rechter Hüfte entlang einsticht, um ihn senkrecht nach hinten zu Boden zu werfen)
Tsubame-gaeshi (燕返)	Schwalbenkonter (Technik, mit der Tori Ukes De-ashi-harai-Ansatz kontert, indem er ihn mit demselben Fuß, den Uke angegriffen hat und mit dem Tori ausgewichen ist, mit De-ashi-harai fegt)
O-soto-gaeshi (大外返)	Große-Außensichel-Konter (Technik, mit der Tori Ukes O-soto-gari-Ansatz mit dem angegriffenen Bein ebenfalls mit O-soto-gari kontert)
O-uchi-gaeshi (大内返)	Große-Innensichel-Konter (Technik, mit der Tori Ukes O-uchi-gari-Ansatz mit dem angegriffenen Bein kontert, in dem er Ukes Bein wegfegt und Uke auf den Rücken wirft)
Hane-goshi-gaeshi (跳腰返)	Hüftspringwurf-Konter (Technik, mit der Tori Ukes Hane-goshi-Ansatz kontert, indem er mit seinem rechten Fuß einen Vorwärtsschritt macht, Uke mit der Hüfte aushebt und mit dem linken Bein auf den Rücken wirft)
Harai-goshi-gaeshi (払腰返)	Hüftfegen-Konter (Technik, mit der Tori Ukes Harai-goshi-Ansatz kontert, indem er mit seinem linken Fuß oder Bein Ukes Standbein von außen sichelt und Uke auf den Rücken wirft)
Uchi-mata-gaeshi (内股返)	Innenschenkelwurf-Konter (Technik, mit der Tori Ukes Uchi-mata-Ansatz kontert, indem er mit seinem Fuß oder Bein Ukes drehenden Fuß von außen entweder sichelt oder einhakt)

Ma-sutemi-waza (真捨身技)	
Japanische Bezeichnung:	Deutsche Bezeichnung:
Tomoe-nage (巴投)	Kopfwurf (Technik, bei der Tori Uke über seinen Kopf wirft, indem er Ukes Gleichgewicht nach vorne bricht, während er die rechte Fußsohle auf Ukes Bauch setzt und sich auf den Rücken fallen lässt und Uke über seinen Kopf wirft)
Sumi-gaeshi (隅返)	Eckenwurf (Technik, bei der Tori Uke über seinen Kopf wirft, indem er Ukes Gleichgewicht nach vorne bricht, während er Ukes Revers mit der rechten Hand gegriffen hat, seinen Oberkörper heranzieht, sich auf den Rücken fallen lässt und Ukes linken Oberschenkel von innen mit seinem rechten Unterschenkel anhebt)
Hikikomi-gaeshi (引込返)	Zugkonter (Technik, bei der Tori Uke über seinen Kopf wirft, indem er Ukes Gleichgewicht nach vorne bricht, er mit seiner rechten Hand Ukes Gürtel über Ukes abgebeugten Rücken greift, seinen Oberkörper heranzieht, sich auf den Rücken fallen lässt und Ukes linken Oberschenkel von innen mit seinem rechten Unterschenkel anhebt)
Tawara-gaeshi (俵返)	Reisstrohballen-Gegenwurf (Technik, bei der Tori Uke über die Schulter wirft, indem er Ukes Gleichgewicht nach vorne bricht, während er Ukes abgebeugten Oberkörper mit beiden Armen über Ukes Rücken umfasst und sich auf den Rücken fallen lässt)
Ura-nage (裏投)	Rückwurf (Technik, bei der Tori Ukes Wurfansatz oder anderen Angriff kontert, indem er Uke über die Schulter wirft, während er Ukes Oberkörper fasst und aushebt und sich selbst auf den Rücken fallen lässt)

Yoko-sutemi-waza (横捨身技)	
Japanische Bezeichnung:	Deutsche Bezeichnung:
Yoko-otoshi (横落)	Seitfallzug (Technik, bei der Tori Ukes Gleichgewicht nach rechts bricht, indem sich Tori auf seine linke Seite fallen lässt und sein linkes Bein von außen an Ukes rechtem Bein entlanggleiten lässt)
Tani-otoshi (谷落)	Talfallzug (Technik, bei der Tori Uke nach unten zieht und Ukes Gleichgewicht nach hinten bricht, indem Tori sich auf die linke Körperseite fallen lässt, während er sein linkes Bein von außen an Ukes rechten Fuß schiebt)
Hane-makikomi (跳巻込)	Springdrehwurf (Technik, bei der Tori Uke mit Hane-goshi wirft, dabei aber Ukes rechten Arm mit seiner Achsel einklemmt und mit Uke nach vorne rollt)
Soto-makikomi (外巻込)	Außendrehwurf (Technik, bei der Tori Uke wirft und Ukes Gleichgewicht nach vorne bricht, indem er Ukes rechten Arm mit seiner Achsel einklemmt, sich tief mit der Hüfte eindreht und mit Uke nach vorne rollt)
Uchi-makikomi (内巻込)	Innendrehwurf (Technik, bei der Tori Uke wirft und Ukes Gleichgewicht nach vorne bricht, indem er von einem Ippon-seoi-nage-Ansatz beginnend sich tief mit der Hüfte eindreht und sich vor Uke einrollt)
Uki-waza (浮技)	Rückfallzug (Technik, bei der Tori Ukes Gleichgewicht nach rechts vorne bricht, während Tori sein linkes Bein ausstreckt, um Ukes rechten Fuß von außen zu blockieren, sich auf die linke Seite fallen lässt und Uke über sich dreht)
Yoko-wakare (横分)	Seitenriss (Technik, bei der Tori Ukes Gleichgewicht nach vorne bricht und ihn wirft, indem er beide Füße von außen vor Ukes rechten Fuß platziert, sich auf die linke Körperseite fallen lässt und Uke über sich dreht)

Yoko-guruma (横車)	Seitenrad (Technik, bei der Tori Ukes Wurfansatz oder anderen Angriff kontert, indem er Ukes Hüfte mit dem linken Arm hält und Ukes Gleichgewicht nach vorne bricht, während er sein rechtes Bein von vorne zwischen Ukes Beine schiebt, sich um Uke herum auf die rechte Körperseite fallen lässt und Uke über sich dreht)
Yoko-gake (横掛)	Seitliches Einhängen (Technik, bei der Tori Uke zu Boden wirft, indem er Ukes Gleichgewicht in Richtung seines rechten kleinen Zehs bricht, Ukes rechten Knöchel von außen mit seinem linken Fuß schiebt und fegt, während Tori sich auf die linke Körperseite fallen lässt)
Daki-wakare (抱分)	Rumpfüberwurf (Technik, bei Tori Uke über sich wirft, indem er Ukes Oberkörper von hinten mit beiden Händen greift, wenn Uke gerade in die Bankposition gehen möchte, und Tori sich über den Rücken auf die linke Körperseite fallen lässt)
O-soto-makikomi (大外巻込)	Großer Außendrehwurf (Technik, bei der Tori Uke mit O-soto-gari angreift, sich dann aber nach links dreht, dabei Ukes rechten Arm mit seiner rechten Achsel einklemmt und mitrollt)
Uchi-mata-makikomi (内股巻込)	Innenschenkeldrehwurf (Technik, bei der Tori Uke mit Uchi-mata angreift, dabei aber seinen rechten Arm nach außen nimmt, Ukes rechten Arm mit seiner rechten Achsel einklemmt und mitrollt)
Harai-makikomi (払巻込)	Hüftdrehwurf (Technik, bei der Tori Uke mit Harai-goshi angreift, dabei aber seinen rechten Arm nach außen nimmt, Ukes rechten Arm mit seiner rechten Achsel einklemmt und mitrollt)
Ko-uchi-makikomi (小内巻込)	Kleine-Innensichel-Drehwurf (Technik, bei der Tori Ukes Gleichgewicht nach hinten bricht, indem Tori Ukes rechtes Bein mit seinem rechten Bein von innen einhakt und seinen Körper nach vorne fallen lässt, so dass Uke über sein gesperrtes Bein geworfen wird)

Kani-basami (蟹挟)	Krebsschere (Technik, bei der Tori Ukes Gleichgewicht nach hinten bricht und ihn wirft, indem Tori springend von Ukes linker Seite sein rechtes Bein vor Ukes Bauch platziert und sein linkes Bein in Ukes Kniekehlen und sich mit einer Scherenbewegung seiner Beine fallen lässt)
Kawazu-gake (河津掛)	Kawazu-Einhaken (Technik, bei Tori Uke wirft, indem er ihn an sich zieht, sein rechtes Bein von innen um Ukes linken Unterschenkel hakt, dabei Ukes Bein nach vorne reißt und sich gleichzeitig nach hinten fallen lässt)

Nach den IJF-Kampfregeln sind Kani-basami und Kawazu-gake wegen des hohen Verletzungsrisikos Ukes verboten.

IV. KATAME-WAZA

Osae-komi-waza

Osae-komi-waza sind Haltegriffe, bei denen Tori Uke, der auf dem Rücken liegt, 20 Sekunden kontrollieren muss, um den Kampf zu gewinnen. Früher waren dies 30 Sekunden – Hintergrund dürfte wohl gewesen sein, dass dies die Zeitdauer war, die man im echten Kampf typischerweise benötigte, um den Gegner zu töten. Das Kodokan unterscheidet die folgenden zehn Haltetechniken:

Osae-komi-waza (抑込技)	
Japanische Bezeichnung:	Deutsche Übersetzung:
Kesa-gatame (袈裟固)	Schärpe (Technik, bei der Tori Ukes Oberkörper mit der rechten Seite seiner Brust hält, indem Tori Ukes rechten Arm mit seinem linken Arm von der rechten Seite hält; Uke liegt dabei auf dem Rücken und Tori hält mit seiner rechten Hand die Rückseite von Ukes Kragen)
Kuzure-kesa-gatame (崩袈裟固)	Variierte Schärpe (Technik, bei der Tori Ukes Oberkörper mit der rechten Seite seiner Brust hält, indem Tori Ukes linken Arm von der rechten Seite mit seinem rechten Arm hält, Uke auf dem Rücken liegt und Tori Ukes rechten Arm mit seiner linken Achsel einklemmt)
Ushiro-kesa-gatame (後袈裟固)	Rückwärtige Schärpe (Technik, bei der Tori Ukes Oberkörper hält, indem er mit seiner linken Hüfte Ukes rechte Körperseite von rechts belastet, während Uke auf dem Rücken liegt und Tori dessen rechten Arm mit seinem rechten Arm und den Oberkörper mit seinem linken Arm hält)
Kata-gatame (肩固)	Schulterschärpe (Technik, bei der Tori Ukes rechten Arm und seinen Hals mit seiner rechten Seite des Halses und beiden Armen von der rechten Seite umfasst und hält, während Uke auf dem Rücken liegt)
Kami-shiho-gatame (上四方固)	Kopfvierer (Technik, bei Tori Ukes Oberkörper im Brust- und Bauchbereich hält, indem er mit beiden Händen von Ukes Kopf aus beide Seiten von Ukes Gürtel greift, während Uke auf dem Rücken liegt)
Kuzure-kami-shiho-gatame (崩上四方固)	Variierter Kopfvierer (Technik, bei der Tori Ukes Oberkörper im Brust- und Bauchbereich hält, indem er mit seiner rechten Hand über Ukes rechten Arm unter Ukes Achsel hindurch in Ukes Kragen greift; mit der linken Hand greift Tori unter Ukes linker Achsel von der linken Seite Ukes Gürtel, während Uke auf dem Rücken liegt)

Yoko-shiho-gatame (横四方固)	Seitvierer (Technik, bei der Tori Ukes Oberkörper im Brust- und Bauchbereich hält, indem er von der rechten Seite des auf dem Rücken liegenden Uke mit der rechten Hand zwischen dessen Beinen Ukes Gürtel oder Hose greift und mit der linken Hand um Ukes Nacken Ukes linkes Revers greift)
Tate-shiho-gatame (縦四方固)	Reitvierer (Technik, bei der Tori Ukes Oberkörper unter dem Brust- und Bauchbereich hält, indem er auf Ukes Bauch liegt, während Uke auf dem Rücken liegt, und Ukes rechten Arm und Hals mit beiden Händen und Ukes Unterkörper mit beiden Beinen hält)
Uki-gatame (浮固)	Schwebehaltegriff (Technik, bei der Tori mit seinem rechten Bein Ukes Oberkörper hält, indem er Ukes rechten Arm mit einem oder beiden Armen hält, während Uke auf dem Rücken liegt, und Tori sein linkes Bein nach hinten streckt)
Ura-gatame (裏固)	Rückhaltegriff (Technik, bei der Tori Ukes Rücken hält, indem er Ukes rechten Arm mit seinem rechten Arm von der rechten Seite und sein Bein mit der linken Hand festhält, während Uke auf seinem Rücken liegt)

In Deutschland war es üblich, typischerweise zwischen vier Grundhaltegriffen (Kesa-gatame, Yoko-shiho-gatame, Tate-shiho-gatame und Kami-shiho-gatame) und deren Varianten zu unterscheiden (insgesamt 17 Haltetechniken). Diese Differenzierung gilt inzwischen als veraltet, sie ist international nicht üblich.

Shime-waza

Die Übersetzung mit „Würgetechniken" ist ungenau, da „shimeru" (締める) umschlingen bedeutet. Die (im Wettkampf verbotene) Technik Do-jime (Nierenschere, 胴絞) fällt zwar in diese Kategorie, sie ist aber keine Würgetechnik.

Durch das Abdrücken der Halsschlagadern wird die Blut- und damit die Sauerstoffzufuhr zum Gehirn unterbrochen, sodass Uke innerhalb von wenigen Sekunden das Bewusstsein verliert. Um dies zu verhindern, sollte Uke rechtzeitig als Zeichen der Aufgabe abschlagen. Es kann durchaus vorkommen, dass der Würgeeffekt so schnell eintritt, dass man nicht mehr aufgeben kann. In diesem Fall kommt man schnell wieder zu sich, da Tori die Technik abbrechen wird, wenn er vom Kampfrichter dazu angewiesen worden ist und somit wieder die Blutzirkulation und damit die Sauerstoffversorgung des Gehirns möglich ist. Die Luftzufuhr über die Luftröhre wird dagegen nicht unterbrochen; durch den Druck auf Nerven am Hals kann jedoch ein Schmerzeffekt eintreten. Würgetechniken lassen sich am besten im Ansatz verhindern, indem man seine Halsmuskulatur anspannt und seinen Kehlkopf schützt. Falls Tori den Griff bereits angesetzt hat, ist es hilfreich, Toris Zugrichtung zu folgen, um die Kraftwirkung abzuschwächen beziehungsweise Platz zwischen dem eigenen Hals und Toris Armen zu schaffen. Dies verzögert die Wirkung der Technik im Idealfall so lange, bis der Kampfrichter den Kampf unterbricht.

Das Kodokan unterscheidet die folgenden zwölf Würgetechniken.

Shime-waza (絞技)	
Japanische Bezeichnung:	**Deutsche Bezeichnung:**
Nami-juji-jime (並十字絞)	Kreuzwürgen (Technik, bei der Tori Uke würgt, indem er Ukes Revers von vorne mit den Daumen innen greift und die Hand-gelenke von vorne kreuzt und beide Hände zusammendrückt)
Gyaku-juji-jime (逆十字絞)	Umgekehrtes Kreuzwürgen (Technik, bei der Tori Uke würgt, indem er Ukes Revers von vorne mit den vier Fingern innen greift, die Handgelenke von vorne kreuzt und die Arme anzieht)
Kata-juji-jime (片十字絞)	Mischkreuzwürgen (Technik, bei der Tori Uke würgt, indem er die Handgelenke von vorne kreuzt, Ukes linkes Revers mit vier Fingern seiner linken Hand innen und Ukes rechtes Revers mit seinem rechten Daumen innen greift und mit der linken Hand zieht sowie mit der rechten drückt)
Hadaka-jime (裸絞)	Freies Würgen (Technik, bei der Tori Uke ohne Hilfe des Judogi würgt, indem er seinen rechten Unterarm von hinten um Ukes Hals legt und mit der linken Hand seine rechte greift)
Okuri-eri-jime (送襟絞)	Kragenwürgen (Technik, bei der Tori Ukes linkes Revers entlang seines Halses mit der rechten Hand greift und Ukes rechtes Revers von hinten unter Ukes Achsel hindurch mit seiner linken Hand greift; Tori würgt, indem er seine linke Hand nach unten und seine rechte Hand nach hinten rechts zieht)
Kataha-jime (片羽絞)	Hinteres Schulterwürgen (Technik, bei der Tori Uke würgt, indem er Ukes linkes Revers entlang seines Halses mit der rechten Hand von hinten greift und mit dem linken Arm unter Ukes Achsel hinter dessen Nacken legt, um Ukes Arm anzuheben; Tori zieht seine rechte Hand nach hinten rechts und schiebt die linke Hand in Richtung des rechten Armes)

Katate-jime (片手絞)	Einhandwürgen (Technik, bei der Tori Uke würgt, indem er Ukes rechtes Revers mit dem rechten Daumen innen von der linken Seite greift, während Uke auf dem Rücken liegt)
Ryote-jime (両手絞)	Parallelgriffwürgen (Technik, bei der Tori Uke mit den Fäusten von vorne würgt, indem er Ukes linkes Revers mit dem rechten Daumen innen und das rechte Revers mit dem linken Daumen innen greift)
Sode-guruma-jime (袖車絞)	Ärmelradwürgen (Technik, bei der Tori Uke von vorne würgt, indem er seinen rechten Unterarm auf Ukes Kehle und seinen linken Unterarm hinter Ukes Nacken legt, sodass sich Ukes Hals zwischen Toris Unterarmen befindet; Tori schiebt seine linke Hand in seinen rechten Ärmel und drückt die rechte Hand an Ukes rechte Halsseite)
Tsukkomi-jime (突込絞)	Stützwürgen (Technik, bei der Tori Uke von vorne würgt, indem er Ukes rechtes Revers mit seiner linken Hand und das linke Revers mit seiner rechten Hand greift, während er die rechte Hand zur rechten Seite von Ukes Hals drückt)
Sankaku-jime (三角絞)	Dreieckswürgen (Technik, bei der Tori Uke würgt, indem er Ukes Hals und rechte Achsel mit beiden Beinen umschließt; Tori hakt seinen rechten Fuß in seine linke Kniekehle ein und bildet so ein Dreieck)
Do-jime (胴絞)	Nierenschere (Technik, bei der Tori Ukes Oberkörper zwischen beiden Beinen zusammendrückt - keine Würgetechnik)

Die IJF-Kampfregeln verbieten Do-jime im Wettkampf.

Der DJB teilte jahrzehntelang die Würgetechniken – ebenfalls zurückgehend auf *Wolfgang Hofmann* – in sieben Gruppen ein (Juji-jime, Hadaka-jime, Okuri-eri-jime, Kataha-jime, Katate-jime, Ryote-jime und Ashi-jime (Beinwürgen, 足絞)) und unterschied dabei nach dem Griff, beziehungsweise womit im Wesentlichen gewürgt wird, folgt jetzt aber dem Kodokan.

Kansetsu-waza

Kansetsu-waza sind Hebeltechniken. Ziel ist es, dass Tori durch das Überstrecken oder Verdrehen des Ellbogengelenkes Uke Schmerzen zufügt, sodass dieser den Kampf aufgibt. Wo diese Grenze genau liegt, hängt von den individuellen Voraussetzungen (insbesondere der Dehn- und Belastbarkeit) von Gelenkkapsel, Bändern und Muskeln ab. Im Wettkampf darf aufgrund des Verletzungsrisikos für Uke nur das Ellbogengelenk am Boden angegriffen werden. Im Gegensatz zu Würgetechniken muss eine Hebeltechnik bereits im Ansatz verhindert werden, weil ihre Wirkung sofort einsetzt und ein entsprechend hohes Verletzungsrisiko besteht. Wenn Uke durch eine Hebeltechnik kampfunfähig wird, erhält Tori dafür im Wettkampf die Wertung Ippon. Vor falschem Ehrgeiz muss aber gewarnt werden: Neben der Trainingspause aufgrund von Ellbogenverletzungen ist meistens die vollständige Funktionsfähigkeit des Gelenks nicht wiederherzustellen. Früher waren Hebeltechniken auch im Stand erlaubt. Ebenso gibt es Hebeltechniken, bei denen andere Gelenke angegriffen werden, insbesondere das Kniegelenk. Im modernen Judo werden solche Techniken jedoch praktisch nicht gelehrt.

Um Missverständnissen vorzubeugen: Das Hebelprinzip (Angriff des gestreckten oder gebeugten Arms) lässt sich anhand der Kodokan-Bezeichnung der Technik nicht erkennen.

Das Kodokan unterscheidet die folgenden zehn Hebeltechniken:

Kansetsu-waza (関節技)	
Japanische Bezeichnung:	Deutsche Bezeichnung:
Ude-garami (腕緘)	Armbeugehebel (Technik, bei der Tori Ukes Ellbogengelenk verdreht und blockiert, indem Tori Ukes linkes Handgelenk mit der linken Hand von der rechten Seite greift, während Uke auf dem Rücken liegt; mit der rechten Hand greift Tori unter Ukes Oberarm hindurch auf sein linkes Handgelenk)
Ude-hishigi-juji-gatame (腕挫十字固)	Kreuzstreckhebel (Technik, um Ukes Ellbogengelenk zu blockieren und zu überstrecken, indem Tori Ukes rechtes Handgelenk mit beiden Händen von der rechten Seite greift, während Uke auf dem Rücken liegt, und Ukes Oberarm zwischen beiden Oberschenkeln hält)
Ude-hishigi-ude-gatame (腕挫腕固)	Ellbogenstreckhebel (Technik, um Ukes Ellbogengelenk mit beiden Händen zu blockieren und zu überstrecken, indem Tori Ukes linkes Handgelenk von der rechten Seite zwischen seinem Hals und seiner rechten Schulter fixiert, während Uke auf dem Rücken liegt)
Ude-hishigi-hiza-gatame (腕挫膝固)	Kniestreckhebel (Technik, bei Tori Ukes Ellbogengelenk mit dem linken Knie blockiert und überstreckt, indem er Ukes rechten Arm unter seiner linken Achsel von vorne hält)
Ude-hishigi-waki-gatame (腕挫腋固)	Achselstreckhebel (Technik, bei der Tori Ukes Ellbogengelenk blockiert und über-streckt, indem Tori Ukes rechtes Handgelenk mit beiden Händen greift und Ukes Arm unter seiner linken Achsel hält)
Ude-hishigi-hara-gatame (腕挫腹固)	Bauchstreckhebel (Technik, bei der Tori Ukes Ellbogengelenk blockiert und über-streckt, indem er Ukes rechtes Handgelenk von Ukes rechter Seite mit der rechten Hand greift und seinen Bauch auf den gestreckten Arm drückt)

Ude-hishigi-ashi-gatame (腕挫脚固)	Beinstreckhebel (Technik, bei der Tori Ukes Ellbogengelenk blockiert und überstreckt, indem Tori sein rechtes Bein um Ukes rechten Arm von der rechten Seite hakt, während Uke auf seinem Bauch liegt)
Ude-hishigi-te-gatame (腕挫手固)[41]	Handstreckhebel (Technik, bei der Tori Ukes Ellbogengelenk blockiert und überstreckt, indem Tori seinen linken Arm von Ukes rechter Seite entlang seiner rechten Achsel schiebt, um sein linkes Revers zu greifen, und mit der rechten Hand Ukes rechtes Handgelenk greift – oder eine andere Technik, bei der Tori Ukes Ellbogengelenk blockiert, indem er Ukes Handgelenk mit einer oder beiden Händen fasst, um sein Handgelenk hinter seinem Rücken zu verdrehen)
Ude-hishigi-sankaku-gatame (腕挫三角固)	Dreiecksstreckhebel (Technik, bei der Tori Ukes Ellbogengelenk entweder verdreht oder blockiert und überstreckt, indem er Ukes Hals und rechte Achsel mit beiden Beinen umschließt; Tori hakt seinen rechten Fuß in seine linke Kniekehle ein und bildet so ein Dreieck)
Ashi-garami (足緘)	Beinbeugehebel (Technik, bei der Tori Ukes Kniegelenk blockiert und überstreckt, indem Tori, auf dem Rücken liegend, seinen linken Fuß von vorne zwischen Ukes Beine schiebt und von hinten das linke Bein um Ukes rechtes Bein legt und Uke anschließend auf seinen Bauch herunterzieht)

Die IJF-Kampfregeln verbieten Ashi-garami im Wettkampf.

Im DJB hatte sich die Aufteilung der Hebeltechniken von *Wolfgang Hofmann* in sieben Gruppen durchgesetzt (Ude-garami, Juji-gatame, Ude-gatame, Waki-gatame, Kannuki-gatame, Hara-gatame und Ashi-gatame). Wegen der Orientierung an der Klassifizierung des Kodokan ist sie aber nicht mehr aktuell.

---

41 Nach der früheren DJB-Systematisierung der Kansetsu-waza handelte es sich hierbei um Kannuki-gatame (Riegelstreckhebel).

V. ATEMI-WAZA

Einleitung

Wie bereits erwähnt, entwickelte *Kano* sein Kodokan-Judo aus dem Ju-Jutsu, mit dessen Studium er als Jugendlicher begonnen hatte. Besonders die Techniken der Kito-ryu und der Tenjin Shinyo-ryu waren prägend. *Kanos* beiden ersten Lehrer, *Fukuda* und *Iso*, waren beide Meister der letztgenannten Schule, von der auch seine Atemi-waza stammen. Heute finden sich Atemi-waza neben dem klassischen Ju-Jutsu auch in anderen Kampfsportarten wie zum Beispiel Karate, Aikido, Krav Maga (קרב מגע), Sambo oder Taekwondo (태권도).

Während *Kano* sein Kodokan-Judo in die drei Technikkategorien Nage-waza, Katame-waza und Atemi-waza einteilte, ist das heutige Judo im Wesentlichen ein Wettkampfsport geworden. Da Atemi-waza in Randori sowie Shiai wegen der Verletzungsgefahr verboten sind und Selbstverteidigung sowie Kata mit Atemi-waza keinen Schwerpunkt in der Judo-Ausbildung bilden, genießen diese Techniken nicht mehr den Stellenwert, den sie früher innehatten. Zwar hat Kata inzwischen sowohl durch das DJB-Graduierungssystem als auch durch Kata-Meisterschaften an Bedeutung gewonnen. Dies sind aber Bereiche, in denen eher erfahrene und darauf spezialisierte Judoka aktiv sind. Besonders die Kime-no-kata (Form der Entscheidung, **極の形**) und die Kodokan Goshin-jutsu (Form der modernen Selbstverteidigung, **講道館護身術**) enthalten Atemi-waza[42]. Da beide Kata optional (erst) bei Dan-Graduierungen demonstriert werden, hat die überwiegende Mehrheit der Judoka mit Atemi-waza keinen Kontakt.

Die folgende Übersicht gibt einen kurzen Überblick über die Schlag- und Tritttechniken des Judo. Sie behandelt weder Selbstverteidigungstechni-

[42] Zu diesen Kata siehe Kapitel K II.

ken, wie sie in den DJB-Graduierungssystemen vorgesehen sind (sofern sie keine Atemi-waza sind, wie zum Beispiel Block- oder Drucktechniken (Uke-waza (受け技)) beziehungsweise Kyusho-waza (急所技)), noch Techniken mit Waffen (wie Stock (Jo, 杖), Messer (Tanto, 短刀), Schwert (Katana, 刀) oder Pistole (Kenju, 拳銃)), wie sie in einigen Kata vorkommen.

Systematisierung

Atemi-waza sind Techniken, mit denen Tori Ukes Vitalpunkte (Kyusho, 急所) durch Stoßen, Schlagen oder Treten mit den Fingerspitzen, der Faust, der Handkante, dem Ellbogen, der Kniescheibe, dem Fußballen oder der Ferse angreift.

Die Kyusho beziehen sich auf empfindliche Körperstellen, also Gelenke, Verbindungspunkte von Knochen und Muskeln oder von Muskeln untereinander, ungeschützte weiche Teile oder Stellen, wo sich lebenswichtige Organe dicht unter der Körperoberfläche befinden. Diese sind konkret: Tento (天道, Bregma), Uto (烏兎, Nasenwurzel), Kasumi (霞, Schläfe), Dokko (独鈷, Warzenfortsatz), Jinchu (人中, Kieferknochennaht), Kachikake (下顎, Kinn), Suigetsu (水月, Solarplexus), Denko/Getsuei (電光/月影, rechtes/linkes Hypochondrium), Myojo (明星, Hypogastrium), Tsurigane (釣鐘, Hoden), Shitsukansetsu (下関節, Kniegelenk) und Ashi-no-ko (足の甲, Fußoberfläche). Die Kenntnisse über die Kyusho waren gut gehütete Geheimnisse der Ju-Jutsu-Schulen und gehen auf die klassische chinesische Medizin zurück. Auch im Shiatsu (指圧) spielen sie eine wichtige Rolle.

Typischerweise führt Tori Atemi-waza mit einem Kampfschrei (Kiai, 気合, wörtlich in etwa „Einheit der Energie") aus. Dessen Ziel ist zum einen, die Energie auf diese Technik zu fokussieren, um so ihren Effekt zu verstärken und die Anspannung und Konzentration zu halten. Zum anderen soll der Kiai Uke ablenken.

Atemi-waza lassen sich in Ude-ate-waza (腕当て技, Schläge und Stöße mit Hand und Arm) und Ashi-ate-waza (足当て技, Tritte mit Fuß und Bein) einteilen. Trifft Tori Uke an einem seiner Kyusho, kann dies zu schmerzhaften Verletzungen bis hin zum Tod führen.

Die folgende Übersicht der Atemi-waza entspricht der typischen Systematisierung des Kodokan. Sie ist nicht abschließend – vielmehr sind die Techniken aufgeführt, die Bestandteil der Kodokan-Kata sind. Es gibt zum Beispiel auch Techniken, die Tori mit seinem Kopf gegen Uke ausführt (Atama-ate-waza, 頭当て技), die die folgende Tabelle aber nicht enthält.

Ude-ate-waza (Handtechniken)			
Yubisaki-ate-waza (Fingerspitzenstöße,指先当て技)	**Kobushi-ate-waza** (Fausttechniken, 拳当て技)	**Tegatana-ate-waza** (Handkantenschläge, 手刀当て技)	**Hiji-ate-waza** (Ellbogenstöße, 肘当て技)
Tsuki-dashi (Fingerspitzenstoß gegen den Hals, 突き出し)	Naname-ate (Diagonaler Stoß, 斜め当て)	Kiri-oroshi (senkrechter Schlag auf den Kopf, 切下)	Ushiro-(hiji-)ate (Ellbogenstoß nach hinten)
Ryogan-tsuki (Stich mit Fingerspitzen in die Augen)	Yoko-ate (seitlicher Schlag, 横当て)	Naname-uchi (diagonaler Schlag, 斜め内)	
Suri-age (Handballenstoß, 摺上H)	Kami-ate/Ue-ate (Stoß nach oben)	Naname-shita-uchi (Schlag nach schräg unten)	
Me-tsubushi (Blendschlag, 目潰し)	Tsuki-age (Aufwärtshaken, 突上)		
	Shimo-tsuki/Shita-tsuki (Schlag nach unten)		

	Ushiro-tsuki (Rückwärtsschlag über die Schulter)		
	Ushiro-sumi-tsuki (Stoß zur hinteren Ecke)		
	Tsukkake (gerader Stoß, 突掛)		
	Yoko-uchi (seitlicher Schlag, 横打)		
	Ushiro-uchi (Schlag nach hinten)		
	Ushiro-oroshi (Hammerfaustschlag)		
	Ganmen-tsuki (gerader Faustst0ß)		
	Uraken-uchi (Faustrückenschlag)		

Ashi-ate-waza (Fußtechniken, 足当て技)		
Hiza-gashira-ate-waza (Kniestöße)	**Sekito-ate-waza** (Fußballentritte, 蹠頭当)	**Kakato-ate-waza** (Fersentritte)
Mae-(hiza-)ate (Vorwärtsstoß)	Naname-geri (diagonaler Vorwärtstritt, 斜蹴)	Ushiro-geri (Rückwärtstritt)
	Mae-geri (Vorwärtstritt. 前蹴り)	Yoko-geri (Seitwärtstritt)
	Taka-geri (hoher Vorwärtstritt, 高蹴)	Ashi-fumi (Fußstoß)

Zusammenfassendes Video mit allen 100 Kodokan-Techniken:

https://youtu.be/_GxcFx8LZRk

Literaturempfehlungen zur Vertiefung:

Loïc Blanchetête, Les techniques oubliées, Noisy-sur-École, 3. Auflage 2010 (Französisch)

Loïc Blanchetête, Judo Okuden – Les secrets de l'efficacité, Noisy-sur-École 2009 (Französisch)

Syd Hoare, The A-Z of Judo, London 1994 (Englisch)

Mikinosuke Kawaishi, Ma méthode de self-defense (My Method of Self-Defence), Paris 1952 (Französisch)

Ulrich Klocke, Judo meistern, Bonn 2012

Gerhard Lehmann/Hans Müller-Deck, Judo, Berlin 1987

Henry Plée, L'Art sublime et ultime des Points Vitaux, Noisy-sur-École 1998

Jan Steiner/Michael Bernert, Judo – Das Multimediale Lexikon, Teil 1, Grundlagen, Nage Waza – Wurftechniken, Deizisau 2019

Jan Steiner/Michael Bernert, Judo – Das Multimediale Lexikon, Teil 2, Katame Waza – Grifftechniken, Deizisau 2019

★ KAPITEL K ★

KODOKAN-KATA

I. EINFÜHRUNG

Kata (形, „Form“) ist neben Randori und Shiai ein wesentlicher Bestandteil des Judo – eine Trainingsmethode, bei der Tori und Uke kooperativ genau vorgegebene Bewegungen und Techniken demonstrieren, die bestimmte Fähigkeiten und Prinzipien des Judo lehren. Die (teilweise im Wettkampf verbotenen) Techniken umfassen nicht nur klassische Judo-Techniken, sondern auch Atemi-waza, Angriffe mit Waffen und symbolische Darstellungen von Prinzipien. Darüber hinaus ist Kata auch im Alltag der japanischen Gesellschaft präsent, zum Beispiel in Form von allgemeiner Etikette (Reiho, 礼法), Tanz und Theater (No, 能) oder Teezeremonien (Sado, 茶道).

Viele traditionelle japanische Tänze und Rituale gehören zu den Meisterwerken des mündlichen und immateriellen Erbes der Menschheit der UNESCO (United Nations Educational, Scientific and Cultural Organization; Organisation der Vereinten Nationen für Bildung, Wissenschaft und Kultur).

Bildlich gesprochen wird das Lernen von Kata häufig mit der Funktion von Grammatik verglichen, Randori dagegen mit dem Schreiben an sich. Um überhaupt schreiben zu können, sind Grammatikkenntnisse erforderlich. Daher müssen für gute Randori auch Grundkenntnisse von Kata vorhanden sein. Umgekehrt kann man selbst mit den besten Grammatikkenntnissen nicht automatisch gut schreiben. Andere stellen Judo als Baum dar, dessen Hauptwurzel Kata ist, die Hilfswurzeln Randori und dessen Stamm, Äste und Blätter die einzelnen Techniken bilden.

Wie bereits erwähnt, ist das heutige Judo im Wesentlichen ein Kampfsport, sodass das Kata-Training nicht mehr den Stellenwert wie zu *Jigoro Kanos* Zeiten hat. Für *Kano* war Judo in zwei Übungsarten eingeteilt, nämlich Randori und Kata. Kata sollte als elementare Form die Art zeigen, wie jede Technik idealerweise ausgeführt werden sollte: perfekte, vollendete Bewegungen (vor allem durch Disziplin zu erreichen). Randori dagegen bedeutete für ihn die Anwendung von Kata in einem (Wett-) Kampf. *Kano* entschied sich, nicht nur Kata zu lehren, sondern auch Randori, um seine Judoka mit realistischen Kampfsituationen zu konfrontieren. Da heutzutage neben den „richtigen" Judo-Meisterschaften auch Kata-Meisterschaften veranstaltet werden, in denen die Paare mit der besten Demonstration ausgezeichnet werden – existiert auch bei Kata der Wettkampfcharakter. Im Judo-Training besitzt Kata jedoch eine untergeordnete Rolle. Während früher fortgeschrittene Judoka erste Berührungspunkte mit Kata im Rahmen von Kyu-Gürtelprüfungen hatten, sieht das aktuelle Graduierungssystem den Bereich „Kata" erst für Dan-Grade obligatorisch vor.

Ziel aller Kata ist es, die drei großen Bereiche aller Kampfkünste zu fördern: Shin (Geist, 心), Waza (Technik, 技) und Tai (Körper, 体). Später sah *Kano* insbesondere zwei Vorteile im Kata-Training: Zum einen konnten im Wettkampf verbotene Atemi-waza weiterhin trainiert werden, zum anderen bot es für ältere Judoka, die nicht mehr an Wettkämpfen teilnahmen, die Möglichkeit, Judo noch aktiv zu betreiben.

Allgemein fördert das Kata-Training vor allem die Konzentration, Rhythmus- und Gleichgewichtsfähigkeit. Außerdem liegt ein weiteres Ziel in der Demonstration von Judo-Prinzipien und auch in der Bewahrung von traditionellen Techniken, die nicht im Wettkampf existieren – dies betrifft etwa die harmonische Ausstrahlung von Tori und Uke (als Einheit) sowie zeremonielle Handlungen.

Ursprünglich wurde Ju-Jutsu – wie andere japanische Kampfkünste – nur als Kata trainiert. Die meisten Schulen (Ryu) kannten kein Randori – vor allem, weil die Verletzungsgefahr bei vielen Techniken, wenn sie nicht wie vereinbart ausgeführt wurden, zu hoch war. Außerdem konnten die Schulen so relativ sicher ihre Techniken und damit ihre Identität von einer Generation an die nächste weitergeben und bewahren. Erst mit Beginn der Meiji-Ära im 19. Jahrhundert, als *Kano* begann, Ju-Jutsu zu lernen, wurde die Übungsform des Randori populär.

Alle Kata werden grundsätzlich gemeinsam von Tori und Uke demonstriert und beginnen mit dem Angrüßen von Joseki, gefolgt von den einzelnen Techniken, die typischerweise in Gruppen zusammengefasst sind, und enden mit dem Abgrüßen.

Die Kodokan-Kata umfassen sieben „klassische“ Kata: Die Nage-no-kata (Form des Werfens, **投の形**) und die Katame-no-kata (Form der Kontrolltechniken, **固の形**) bilden zusammen die Randori-no-kata (Formen des freien Übens, **乱取りの形**). Ferner existieren die Kime-no-kata (Form der Entscheidung, **極の形**), die Kodokan Goshin-jutsu (Form der modernen Selbstverteidigung, **講道館護身術**), die Ju-no-kata (Form der Geschmeidigkeit, **柔の形**), die Itsutsu-no-kata (Form der fünf Symbole, **五の形**) und die Koshiki-no-kata (Form der antiken Techniken, **古式の形**). Das Kodokan fasst aber die Seiryoku-zenyo-kokumin-taiiku (Nationale Leibeserziehung nach dem Prinzip der effektivsten Nutzung der Energie, **精力善用国民体育の形**) ebenfalls darunter. Seit 2019 gehört auch die Kodomo-no-kata (Form der Kinder, **子供の形**) als neueste Kata zu den Kodokan-Kata dazu, die besonders Kinder an Judo-Grundtechniken heranführen soll.

Außerhalb dieser „klassichen" Kodokan-Kata existieren weitere Kata: Zu den Randori-no-kata werden noch die Gonosen-no-kata (Form der Gegenwürfe, **講道館護身術**) und die Ura-no-kata (Form der Kontertechniken, **裏の形**) gezählt. Die Shinken-shobu-no-kata (Formen des echten Kämpfens, **真剣勝負の形**) umfassen die Kime-no-kata, die Kodokan Goshin-jutsu und die Joshi-goshinho (Form der Selbstverteidigung für Frauen, **女性護身法**). Als Taiso-no-kata (Form der körperlichen Ausbildung, **体操の形**) werden die Seiryoku-zenyo-kokumin-taiiku, die Ju-no-kata und die Go-no-kata (Form der Stärke, **剛の形**) zusammengefasst; schließlich werden die Itsutsu-no-kata und die Koshiki-no-kata auch als theoretische Kata qualifiziert.

II. EINZELNE KATA

Nage-no-kata

Die wohl bekannteste Kata entwickelte *Kano* als erste Kodokan-Kata um 1884, um seinen Judoka die Prinzipien der wichtigsten Würfe zu erläutern. Zunächst hatte *Kano* zehn Würfe geplant, schließlich wurden es insgesamt 15 repräsentative Techniken, die beidseitig ausgeführt werden. Sie sind in fünf Gruppen mit jeweils drei Würfen eingeteilt, wobei jede Gruppe eine Wurftechnikgruppe umfasst (Te-waza, Koshi-waza, Ashi-waza, Ma-sutemi-waza und Yoko-sutemi-waza).

In der zweiten Gruppe wird die erste Technik (Uki-goshi, Hüftschwung) ausnahmsweise zuerst links geworfen, alle anderen Würfe werden zuerst rechts und anschließend links ausgeführt. Der Grund dafür soll sein, dass Uki-goshi links *Kanos* Lieblingswurf war.

Die Nage-no-kata ist im Dan-Graduierungssystem des DJB für den ersten Dan (nur die ersten drei Gruppen) und für den zweiten Dan (vollständig) vorgesehen.

Te-waza (手技)	Koshi-waza (腰技)	Ashi-waza (足技)	Ma-sutemi-waza (真捨身技)	Yoko-sutemi-waza (横捨身技)
Uki-otoshi (浮落)	Uki-goshi (浮腰)	Okuri-ashi-harai (送足払)	Tomoe-nage (巴投)	Yoko-gake (横掛)
Seoi-nage (背負投)	Harai-goshi (払腰)	Sasae-tsurikomi ashi (支釣込足)	Ura-nage (裏投)	Yoko-guruma (横車)
Kata-guruma (肩車)	Tsurikomi-goshi (釣込腰)	Uchi-mata (内股)	Sumi-gaeshi (隅返)	Uki-waza (浮技)

Katame-no-kata

Die Kata erläutert Kontrolltechniken am Boden in drei Gruppen (Osae-komi-waza, Shime-waza und Kansetsu-waza) mit jeweils fünf Techniken und Ukes Befreiungsversuchen. *Kano* hatte sie 1885/1886 zunächst mit zehn Techniken (bis 1915) als zweite Kata entworfen.

Nach dem Dan-Graduierungssystem ist sie zum dritten Dan zu demonstrieren (beziehungsweise wahl- und teilweise zum zweiten Dan).

Osaekomi-waza (抑込技)	Shime-waza (絞技)	Kansetsu-waza (関節技)
Kuzure-kesa-gatame (袈裟固)	Kata-juji-jime (片十字絞)	Ude-garami (腕緘)
Kata-gatame (肩固)	Hadaka-jime (裸絞)	Ude-hishigi-juji-gatame (腕挫十字固)
Kami-shiho-gatame (上四方固)	Okuri-eri-jime (送襟絞)	Ude-hishigi-ude-gatame (腕挫腕固)
Yoko-shiho-gatame (横四方固)	Kata-ha-jime (片羽絞)	Ude-hishigi-hiza-gatame (腕挫膝固)
Kuzure-kami-shiho-gatame (崩上四方固)	Gyaku-juji-jime (逆十字絞)	Ashi-garami (足緘)

Kime-no-kata

Kano stellte diese Kata in ihrer ursprünglichen Form 1888 vor. Sie war früher auch unter dem Namen Shinken-shobu-no-kata (Form des echten Kämpfens, **真剣勝負の形**) bekannt, der heute der Oberbegriff für die drei Formen der Selbstverteidigung (Kime-no-kata, Kodokan Goshin-jutsu und die Joshi-goshinho) ist, und lehrt die Prinzipien von Angriff und Verteidigung in echten Kampfsituationen. Entsprechend betritt Uke die Tatami mit Schwert und Messer. Diese Kata bestand zunächst aus zehn, dann aus 13 und seit 1907 aus 20 Techniken, die in zwei Gruppen eingeteilt sind: Idori-waza (Techniken im Sitzen, **居捕技**) und Tachi-waza (Standtechniken, **立ち技**). Hier zeigt sich besonders, dass sich das Kodokan-Judo aus dem Ju-Jutsu entwickelt hat. Die Kime-no-kata verdeutlicht das Prinzip des Ausweichens als grundlegende Reaktion im Judo. Sie kann wahlweise bei der Graduierung zum dritten, vierten oder fünften Dan demonstriert werden. Dass die Ursprünge des Judo im Ju-Jutsu liegen, zeigt sich auch daran, dass im Ju-Jutsu-Dan-Prüfungsprogramm die Kime-no-kata, Kodokan Goshin-jutsu, Ju-no-kata, Itsutsu-no-kata und Koshiki-no-kata Prüfungsstoff sind.

Diese Kata ist laut Dan-Graduierungssystem alternativ zum fünften Dan vorzuführen.

Techniken im Sitzen (Idori-waza, 居捕技)	**Standtechniken** (Tachi-waza, 立ち技)
Ryote-dori (Ergreifen beider Hände, **両手取**)	Ryote-dori (Ergreifen beider Hände, **両手取**)
Tsukkake (Gerader Fauststoß, **突掛**)	Sode-tori (Ärmelgreifen, **袖取**)
Suri-age (Handballenstoß zum Kopf, **摺上**)	Tsukkake (Gerader Fauststoß, **突掛**)
Yoko-uchi (Seitlicher Schlag, **横打**)	Tsuki-age (Aufwärtshaken, **突上**)
Ushiro-dori (Fassen von hinten, **後取**)	Suri-age (Handballenstoß zum Kopf, **摺上**)
Tsukkomi (Gerader Messerstich, **突込**)	Yoko-uchi (Seitlicher Schlag, **横打**)
Kiri-komi (Messerschnitt von oben, **切込**)	Ke-age (Aufwärtstritt, **蹴上**)
Yoko-tsuki (Seitlicher Stich, **横突**)	Ushiro-dori (Fassen von hinten, **後取**)

	Tsukkomi (Gerader Messerstich, 突込)
	Kiri-komi (Messerschnitt von oben, 切込)
	Nuki-kake (Ziehen des Schwertes, 抜掛)
	Kiri-oroshi (Schwerthieb von oben, 切下)

Kodokan Goshin-jutsu

1952 begann eine Kodokan-Arbeitsgruppe unter dem Vorsitz von *Sumiyuki Kotani*, mit der Entwicklung einer Form der modernen Selbstverteidigung. Die Kodokan Goshin-jutsu wurde 1956 erstmals öffentlich demonstriert. Sie umfasst 21 Selbstverteidigungstechniken und war die erste Kodokan-Kata, die nicht mehr von *Kano* entwickelt wurde. Sie stellt praktisch die „nächste Generation" der Kime-no-kata dar. Die Kodokan Goshin-jutsu besteht aus zwei Hauptgruppen, nämlich Techniken gegen waffenlose Angriffe (Toshu-no-bu) und Techniken gegen bewaffnete Angriffe (Buki-no-bu). Die erste Gruppe gliedert sich in zwei Untergruppen (Angriffe aus der Nähe und Distanzangriffe), die zweite Gruppe in Angriffe mit Messer, Stock (Jo) und Pistole (Kenju). Diese Kata lebt besonders von den schnellen Angriffen Ukes und der dynamischen Abwehr Toris, die ein entsprechend langes Studium der Techniken voraussetzen.

Laut Dan-Graduierungssystem kann diese Kata (alternativ) zum vierten Dan vorgeführt werden beziehungsweise die ersten beiden Gruppen wahlweise für den ersten Dan sowie die letzten drei Gruppen für den zweiten Dan.

Angriffe ohne Waffen (Toshu-no-bu)		Bewaffnete Angriffe (Buki-no-bu)		
Angriffe aus der Nähe (Kumitsu-kareta-baai)	Distanzangriffe (Hanare-ta-baai)	Messer (Tanto-no-baai)	Stock (Jo-no-baai)	Pistole (Kenju-no-baai)
Ryote-dori (Ergreifen beider Hände, 両手取)	Naname-uchi (Diagonaler Schlag)	Tsukkake (Stich)	Furiage (Ausholen zum Stockschlag)	Shomen-zuke (Pistolenangriff auf der Vorderseite angesetzt)
Hidari-eri-dori (Ergreifen des linken Revers)	Ago-tsuki (Fauststoß zum Kinn)	Choku-tsuki (Gerader Stich)	Furioroshi (Stockschlag nach unten)	Koshi-gamae (Pistolenangriff in Hüfthaltung)
Migi-eri-dori (Ergreifen des rechten Revers)	Gammen-tsuki (Fauststoß zum Gesicht)	Naname-tsuki (Diagonaler Stich)	Morote-tsuki (Beidhändiger Stich)	Haimen-zuke (Pistolenangriff von hinten)
Kata-ude-dori (Ergreifen eines Armes)	Mae-geri (Tritt nach vorne)			
Ushiro-eri-dori (Griff des hinteren Revers)	Yoko-geri (Tritt zur Seite)			
Ushiro-jime (Würgen von hinten)				
Kakae-dori (Umklammerung)				

Ju-no-kata

Die Kodokan-Kata wurden 1887 um die Ju-no-kata erweitert, die zunächst Taiso-no-kata (体操の形) genannt wurde. Sie vermeidet Würfe und ist durch langsame, elegante Bewegungen gekennzeichnet. Damit ist sie zwar nicht so spektakulär wie zum Beispiel die Nage-no-kata, symbolisiert aber sehr gut die Philosophie des Judo. Sie besteht aus drei Gruppen mit jeweils fünf Techniken. *Kano* entwickelte sie bewusst als Gegensatz zu den Randori-no-kata, um das Prinzip der Geschmeidigkeit zu verdeutlichen. Tori setzt hier Ukes Kraft nie Widerstand entgegen, sondern gibt nach und leitet Ukes Kraft in eine für ihn selbst günstige Richtung um. Die einzelnen Bewegungen wechseln zwischen Angriff und Gegenangriff, bis für Tori der günstige Moment zur entscheidenden Handlung gekommen ist. Tori und Uke bilden besonders in dieser Kata eine Einheit und arbeiten als Partner zusammen.

Aktuell sind *Ulla Loosen* und *Wolfgang Dax-Romswinkel* (1960 geboren) aus Deutschland als mehrfache Welt- und Europameister in dieser Kata gefragte Kata-Experten und Multiplikatoren.

Die Ju-no-kata ist alternativ zum ersten (nur die ersten beiden beziehungsweise die dritte Gruppe) oder zum vierten Dan zu demonstrieren.

Dai ik-kyo (第一教)	Dai ni-kyo (第二教)	Dai san-kyo (第三教)
Tsuki-dashi (Stoß mit der Hand)	Kiri-oroshi (Schnitt von oben)	Obi-tori (Ergreifen des Gürtels)
Kata-oshi (Schulterdrücken)	Ryo-kata-oshi (Niederdrücken beider Schultern)	Mune-oshi (Drücken gegen die Brust)
Ryo-te-dori (Ergreifen beider Hände)	Naname-uchi (Diagonaler Schlag)	Tsuki-age (Aufwärtshaken)
Kata-mawashi (Schulterdrehen)	Kata-te-dori (Ergreifen einer Hand)	Uchi-oroshi (Schlag von oben)
Ago-oshi (Kinndrücken)	Kata-te-age (Hochheben einer Hand)	Ryo-gan-tsuki (Stich in beide Augen)

Itsutsu-no-kata

Seit 1887 ist die Kata der fünf Symbole Bestandteil der Kodokan-Kata. Sie stammt ursprünglich von der Tenjin Shinyo-ryu, wird aber als wohl unvollständig angesehen, da *Kano* starb, bevor er sie finalisieren konnte. Denn die Techniken sind nur durchnummeriert und besitzen keine Namen. Andererseits besteht der Kosmos nach chinesischer und japanischer Auffassung aus fünf Elementen, sodass *Kano* durchaus bewusst die Anzahl von fünf Techniken/Symbolen gewählt haben könnte. Zudem stellte die Tenjin Shinyo-ryu ihre Prinzipien ebenfalls durch fünf Elemente/Techniken dar. Die beiden ersten Techniken ähneln Jujutsu-Techniken der Kito-ryu-kata (Symbolisierung der positiven und negativen Kraft/Himmelskörper, Symbolisierung des Beharrungsgesetzes/Erde), die anderen drei symbolisieren alte japanische Elemente beziehungsweise Naturkräfte (Symbolisierung von Zentrifugal- und Zentripetalkraft/Luft, Symbolisierung der Kraft der Meereswogen/Wind, Symbolisierung der Flugbahn und Kraft eines Kometen/Weltall). *Kano* sah diese Kata als das Herz des Judo an, weil sie eine Synthese der Wurzeln des Judo sei. Die Kata veranschaulicht die theoretischen Prinzipien der Beziehungen zwischen Angriff und Verteidigung im Judo.

Diese Kata ist alternativ im Dan-Graduierungssystem zum fünften Dan zu demonstrieren.

Dai ichi (第一)	Dai ni (第二)	Dai san (第三)	Dai yon (第四)	Dai go (第五)
Symbolisierung der positiven und negativen Kraft/ Himmelskörper	Symbolisierung des Beharrungsgesetzes/Erde	Symbolisierung von Zentrifugal- und Zentripetalkraft/Luft	Symbolisierung der Kraft der Meereswogen/Wind	Symbolisierung der Flugbahn und der Kraft eines Kometen/ Weltall

Koshiki-no-kata

Diese Form ist auch unter der Bezeichnung Kito-ryu-no-kata bekannt, weil sie aus 21 Techniken, die ursprünglich die Form des Werfens der Kito-ryu aus dem 17. Jahrhundert waren, besteht. *Kano* überarbeitete diese und übernahm sie anschließend in das Kodokan-Judo. Die Kata gliedert sich in zwei Gruppen, Omote und Ura (Vorderseite, 表, und Rückseite, 裏). Kennzeichnend für diese Form ist, dass alle Techniken ursprünglich in Samurai-Rüstungen (Yoroi, 鎧) demonstriert wurden und daher die Bewegungen schwerfällig und eingeschränkt erscheinen, tatsächlich aber ökonomische Bewegungen und Balance darstellen sollen. Im Gegensatz zum Judo lehrt die Kito-ryu auch Techniken, die in Rüstungen praktiziert werden. Während die ersten 14 Techniken relativ langsam erfolgen, werden die restlichen sieben schnell und gewandt ausgeführt. Diese Kata soll die Lieblingskata von *Kano* gewesen sein, der sie immer in einem schwarzen Hakama (traditioneller Hosenrock, 袴) demonstrierte.

Die Koshiki-no-kata ist alternativ zum fünften Dan vorzuführen.

Omote (Vorderseite, 表)	Ura (Rückseite, 裏)
Tai (Bereitschaft, 体)	Mi-kudaki (Zerschmettern des Körpers, 身砕)
Yume-no-uchi (Inmitten eines Traumes, 夢中)	Kuruma-gaeshi (Radwurf, 車返)
Ryokuhi (Der Kraft ausweichen, 力避)	Mizu-iri (Eintauchen ins Wasser, 水入)
Mizu-guruma (Wasserrad, 水車)	Ryusetsu (Schnee auf dem Weidenbaum, 柳雪)
Mizu-nagare (Das Fließen des Wassers, 水流)	Saka-otoshi (Ungestümer Fall, 坂落)
Hiki-otoshi (Ziehen und Fallenlassen, 曳落)	Yuki-ore (Schneebruch, 雪折)
Ko-daore (Ins Leere fallen, 虚倒)	Iwa-nami (Welle am Felsen, 岩波)
Uchi-kudaki (Zerschmettern, 打砕)	
Tani-otoshi (Talfallzug, 谷落)	

Kuruma-daore (Umfallen eines Rades, 車倒)	
Shikoro-dori (Fassen des Genickschutzes, 錣取)	
Shikoro-gaeshi (Umdrehen des Genickschutzes, 錣返)	
Yudachi (Regenschauer, 夕立)	
Taki-otoshi (Sturz des Wasserfalls, 滝落)	

Seiryoku-zenyo-kokumin-taiiku

Diese Kata wurde 1924 für die allgemeine Bevölkerung entwickelt. Sie besteht aus zwei Gruppen, wobei die erste Einzelübungen (Tandoku-renshu) und die zweite Partnerübungen (Sotai-renshu) umfasst. Die erste Gruppe beinhaltet grundsätzlich Atemi-waza gegen einen imaginären Gegner. Die zweite Gruppe lässt sich weiter unterteilen in die Formen der Entscheidung (Kime-shiki) und die Form der Geschmeidigkeit (Ju-shiki; mit Techniken der Ju-no-kata). *Kano* hatte diese Form als Aufwärmprogramm beziehungsweise Cooldown im Judo vorgesehen; außerdem sah er sie als besonders geeignet für Kinder und Frauen an.

Diese Kata (nur die Einzelübungen, das heißt Tandoku-renshu) kann im Wahlbereich zum ersten und zweiten Dan demonstriert werden. Für den dritten Dan kann sie (vollständig) als Teil des Wahlbereichs „Taiso" vorgeführt werden.

Tandoku-renshu (Einzelübungen, 単独練習)			
Ik-kyo			**Ni-kyo**
Goho-ate (Schläge in fünf Richtungen)	**O-goho-ate** (Große Schläge in fünf Richtungen)	**Goho-geri** (Tritte in fünf Richtungen)	Kagami-migaki (Spiegelpolieren)
Hidari-mae-naname-ate (Stoß nach schräg links vorne)	O-hidari-mae-naname-ate (Großer Stoß nach schräg links vorne)	Mae-geri (Vorwärtstritt)	Sayu-uchi (Schlag nach links und rechts)
Migi-ate (Schlag nach rechts)	O-migi-ate (Großer Schlag nach rechts)	Ushiro-geri (Rückwärtstritt)	Zengo-tsuki (Stoß nach vorne und hinten)
Ushiro-ate (Stoß nach hinten)	O-ushiro-ate (Großer Stoß nach hinten)	Hidari-mae-naname-geri (Tritt nach schräg links vorne)	Ryote-ue-tsuki (Beidhändiger Stoß nach oben)
Mae-ate (Stoß nach vorne)	O-mae-ate (Großer Stoß nach vorne)	Migi-mae-naname-geri (Tritt nach schräg rechts vorne)	O-ryote-ue-tsuki (Großer beidhändiger Stoß nach oben)
Ue-ate (Stoß nach oben)	O-ue-ate (Großer Stoß nach oben)	Taka-geri (Hoher Tritt)	Sayu-kogo-shita-tsuki (Faustostoß seitlich nach unten)
			Ryote-shita-tsuki (Beidhändiger Stoß nach unten)
			Naname-ue-uchi (Schlag nach schräg oben)
			Naname-shita-uchi (Schlag nach schräg unten)

			O-naname-ue-uchi (Großer Schlag nach schräg oben)
			Ushiro-sumi-tsuki (Stoß zur hinteren Ecke)
			Ushiro-uchi (Schlag nach hinten)
			Ushiro-tsuki (Stoß nach hinten und vorne unten)

Sotai-renshu (Partnerübungen, 相対練習)			
Kime-shiki		Ju-shiki	
Idori (Techniken im Sitzen)	**Tachi-ai** (Techniken im Stand)	**Ik-kyo**	**Ni-kyo**
Ryote-dori (Ergreifen beider Hände)	Tsuki-age (Aufwärtshaken)	Tsuki-dashi (Stoßen)	Katate-age (Hochheben einer Hand)
Furi-hanashi (Abschütteln)	Yoko-uchi (Seitlicher Schlag)	Kata-oshi (Schulterdrücken)	Obi-tori (Ergreifen des Gürtels)
Gyakute-dori (Umgekehrtes Fassen der Hände)	Ushiro-dori (Fassen von hinten)	Kata-mawashi (Schulterdrehen)	Mune-oshi (Brustdrücken)
Tsuki-kake (Gerader Fauststoß)	Naname-tsuki (Diagonaler Messerstich)	Kiri-oroshi (Schnitt von oben)	Tsuki-age (Aufwärtshaken)
Kiri-kake (Dolchschnitt von oben)	Kiri-oroshi (Schwerthieb von oben)	Katate-dori (Ergreifen einer Hand)	Ryogan-tsuki (Stich in beide Augen)

Go-no-kata

Kano entwarf diese Kata ebenfalls um 1887. Sie gilt als unvollendet beziehungsweise als in Vergessenheit geraten, da sie kaum noch praktiziert wird. Ursprünglich wurde sie als Goju-no-kata (剛柔の形) bezeichnet und war als Gegenpol zur Ju-no-kata gedacht: Stärke (go, 剛) richtet sich gegen Stärke, die sich in Flexibilität wandelt, um zu siegen. Diese Kata enthält wohl zehn Techniken und dient dazu, die Grundlagen der Wurftechniken und den effektivsten Gebrauch der Kraft zu veranschaulichen.

Seoi-nage (Schulterwurf, 背負投)
Ushiro-goshi (Hüftgegenwurf, 後腰)
Sukui-nage (Schaufelwurf, 掬投)
Hidari-seoi-nage (Schulterwurf links, 左背負投)
Hidari-uki-goshi (Hüftschwung links, 左浮腰)
Hadaka-jime → Koshi-kudaki (Freies Würgen, 裸絞 → Hüftblock, 腰砕)
Tobi-goshi → Uki-goshi (Gesprungener Hüftwurf, 飛腰 → Hüftschwung, 浮腰)
O-soto-otoshi (Großer Außensturz, 大外落)
Ushiro-goshi (Hüftgegenwurf, 後腰)
Kata-guruma (Schulterrad, 肩車)

Kodomo-no-kata

Die Kodomo-no-kata wurde bei den Weltmeisterschaften in Tokyo am 27. August 2019 uraufgeführt. 2020 veröffentlichte das Kodokan in Kooperation mit der IJF und der FFJDA Lehrfilme zu dieser Kata im Internet. Im Gegensatz zu den „klassischen" Kata richtet sich diese Kata gezielt an Kinder und gewährt – dem Niveau von Tori und Uke angepasst – entsprechende Gestaltungsspielräume.

Die Kata setzt sich aus einem Prolog (Korrektes Tragen des Judogi) und sieben Gruppen zusammen. Nach dem Angrüßen folgen Körperhaltung (Shizentai), Fallübungen (Ukemi), Schrittarten (Shintai-dosa, 身体動作),

Griffkampf (Kumi-kata), freie Bewegungsformen (Ugoki-kata, 動き形) und schließlich Körperdrehungen (Tai-sabaki). Um die individuellen Fähigkeiten von Kindern (oder Anfängern) zu berücksichtigen, gibt es sieben verschiedene Stufen der Kodomo-no-kata, deren Schwierigkeit zunimmt: So wird Uke in der einfachsten Stufe im Kniestand geworfen, während die anspruchsvollste Stufe reguläre Würfe und Wurfkombinationen beziehungsweise Übergänge von Würfen zu Haltegriffen enthält. Aus Platzgründen werden die einzelnen Gruppen und Techniken der Kodomo-no-kata hier nicht aufgeführt. Wer sich für die Details interessiert, dem sei das folgende Video empfohlen.

Kodokan-Video der Kodomo-no-kata:

https://www.youtube.com/watch?v=Oz_pG2E47YI

Exkurs: Gonosen-no-kata und Nage-waza-ura-no-kata

Beide Formen der Gegenwürfe sind keine „offiziellen" Kodokan-Kata, sie konnten aber im früheren DJB-Prüfungsprogramm für den dritten Dan alternativ demonstriert werden und dürften daher in Deutschland noch in einem gewissen Umfang bekannt sein. Daher soll kurz auf sie eingegangen werden.

Die **Gonosen-no-kata** ist vermutlich um 1920 an der renommierten Waseda-Universität (Waseda daigaku, 早稲田大学) in Tokyo entwickelt worden und besteht aus zwölf Wurftechniken (jeweils Angriffe von Uke, die von Tori im Sinne des Go-no-sen gekontert werden), die in drei Gruppen eingeteilt sind (Ashi-waza, Koshi-waza und Kata-waza). In Europa machte sie *Mikinosuke Kawaishi* bekannt. Da es sich gerade nicht um eine Kodokan-Kata handelt, ist die Art der Demonstration je nach (europäischem) Land unterschiedlich. In Deutschland dürfte die Variante, dass Uke zunächst Tori wirft und Tori anschließend Uke kontert, am meisten verbreitet sein. Früher konnte die Gonosen-no-kata alternativ in der Prüfung zum dritten Dan demonstriert werden.

Dai ik-kyo (第一教): Ashi-waza (足技)	Dai ni-kyo (第二教): Koshi-waza (腰技)	Dai san-kyo (第三教): Kata-waza (肩技)
O-soto-gari (Große Außensichel, 大外刈) → O-soto-gari (Große Außensichel, 大外刈)	Kubi-nage (Genickwurf, 首投げ) → Ushiro-goshi (Hüftgegenwurf, 後腰)	Kata-seoi (Schulterwurf, 肩背負) → Sumi-gaeshi (Eckenwurf, 隅返)
Hiza-guruma (Knierad, 膝車) → Hiza-guruma (Knierad, 膝車)	Koshi-guruma (Hüftrad, 腰車) → Uki-goshi (Hüftschwung, 浮腰)	
O-uchi-gari (Große Innensichel, 大内刈) → Okuri-ashi-harai (Fußnachfegen, 送足払)	Hane-goshi (Hüftspringwurf, 跳腰) → Sasae-tsurikomi-ashi (Hebezugfußhalten, 支釣込足)	
De-ashi-harai (Fußfegen, 出足払) → De-ashi-harai (Fußfegen, 出足払)	Harai-goshi (Hüftfegen, 払腰) → Utsuri-goshi (Wechselhüftwurf, 移腰)	
Ko-soto-gake (Kleines Einhaken, 小外掛) → Tai-otoshi (Körpersturz, 体落)	Uchi-mata (Innenschenkelwurf, 内股) → Te-guruma (Handrad, 手車)	
Ko-uchi-gari (Kleine Innensichel, 小内刈) → Sasae-tsurikomi-ashi (Hebezugfußhalten, 支釣込足)		

Die **Nage-waza-ura-no-kata** (Form der Kontertechniken, 投げ技裏の形) wurde vermutlich in den 1930er Jahren von *Mifune* entwickelt. Wie der Name bereits andeutet, kann diese Form als Ergänzung zur Nage-no-kata beziehungsweise Randori-no-kata betrachtet werden. Sie besteht aus drei Gruppen (Te-waza, Ashi-waza und Koshi-waza) mit jeweils fünf Kaeshi-waza. Alle Techniken der ersten drei Gruppen der Nage-no-kata dienen als Ausgangspunkt für die folgenden Kontertechniken, daneben werden jeweils zwei weitere (Konter-)Techniken demonstriert.

Dai ik-kyo (第一教): Te-waza (手技)	Dai ni-kyo (第二教): Ashi-waza (足技)	Dai san-kyo (第三教): Koshi-waza (腰技)
Uki-otoshi (Schwebehandzug, 浮落) → Tai-otoshi (Körperwurf, 体落)	Okuri-ashi-harai (Fußnachfegen, 送足払) → Tsubame-gaeshi (Schwalbenkonter, 燕返)	Hane-goshi (Hüftspringwurf, 跳腰) → Kari-gaeshi (Sichelkonter, 刈り返)[43]
Seoi-nage (Schulterwurf, 背負投) → Yoko-guruma (Seitenrad, 横車)	Ko-uchi-gari (Kleine Innensichel, 小内刈) → Hiza-guruma (Knierad, 膝車)	Harai-goshi (Hüftfegen, 払腰) → Ushiro-goshi (Hüftgegenwurf, 後腰)
Kata-guruma (Schulterrad, 肩車) → Sumi-gaeshi (Eckenwurf, 隅返)	O-uchi-gari (Große Innensichel, 大内刈) → O-uchi-gaeshi (Große-Innensichel-Konter, 大内返)	Han-goshi (Halber Hüftwurf, 半腰) → Utsuri-goshi (Wechselhüftwurf, 移腰)
Tai-otoshi (Körpersturz, 体落) → Ko-tsuri-goshi (Kleiner Hüftzug, 釣腰)	Sasae-tsurikomi-ashi (Hebezugfußhalten, 支釣込足) → Sumi-otoshi (Eckenkippe, 隅落)	Uki-goshi (Hüftschwung, 浮腰) → Yoko-wakare (Seitenriss, 横分)
Obi-otoshi (Gürtelsturz, 帯落) → O-guruma (Großes Rad, 大車)	Uchi-mata (Innenschenkelwurf, 内股) → Tai-otoshi (Körpersturz, 体落)	O-goshi (Großer Hüftwurf, 大腰) → Ippon-seoi-nage (Punkt-Schulterwurf, 一本背負投)

43 Kari-gaeshi bezeichnet das Kodokan als Hane-goshi-gaeshi (Hüftspringwurf-Konter, 跳腰返).

Literaturempfehlungen zur Vertiefung:

Keiko Fukuda, Ju-No-Kata: A Kodokan Textbook, Berkeley 2004 (Englisch)

Tsuyoshi Inogai/Roland Habersetzer, Judo Kata – Les formes classique du Kodokan, Paris 1998 (Französisch)

Nihon Judo Seifuku Senmon Gakko/Shinagawaku Judokai, Miru, manabu, oshieru irasuto judo no kata (見る・学ぶ・教えるイラスト柔道の形), Tokyo 1988 (Japanisch)

Shu Taira, La esencia del judo, 2. Auflage, Gijón 2014 (Spanisch)

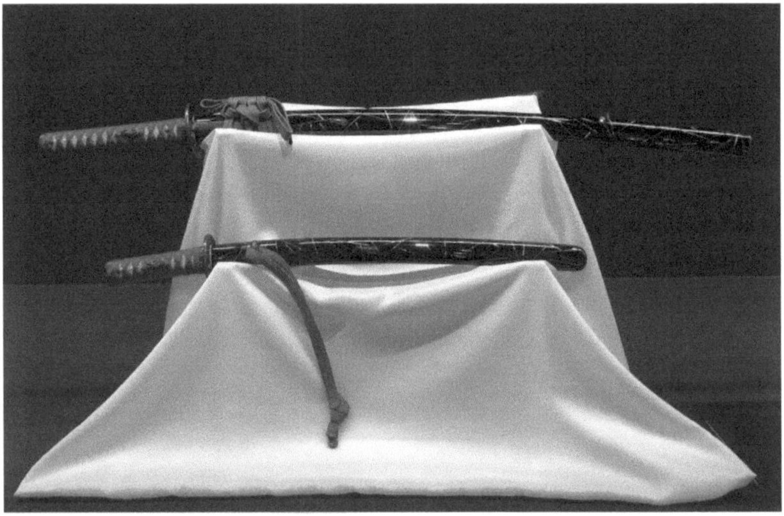

Abbildung 17: Katana und Wakizashi

★ KAPITEL L ★

TAISO

Taiso (im modernen Sinne), 体操, ist im Prinzip eine Art rhythmische Sportgymnastik, die jedoch ursprünglich nicht aus Japan stammt und auch nichts unmittelbar mit Judo zu tun hat. Kurioserweise gehen die Ursprünge auf die US-amerikanische Versicherungsgesellschaft Metropolitan Life Insurance Company zurück, die in den 1920er Jahren die US-Amerikaner mit Morgengymnastik im Radio zu einem gesunden Start in den Tag animieren wollte. Diese Idee übernahm das japanische Radio und führte so Radio-Taiso (ラジオ 体操) ein. Anlass war 1928 die Krönung des japanischen Tenno *Hirohito* (裕仁, 1901 bis 1989). Ziel war damals unter anderem, die japanischen Soldaten gesund und fit zu halten. Daher wurde Taiso in Japan nach dem Zweiten Weltkrieg zunächst verboten. 1951 führte die Japanische Rundfunkgesellschaft (Nippon Hoso Kyokai (NHK), 日本放送協会) Taiso wieder ein, sodass man heute diese geänderte Form morgens im Fernsehprogramm als Morgengymnastik (mit Klavierbegleitung) zum Mitmachen ansehen kann. Parallelen zu Yoga (योग) und Taijiquan (太極拳) sind deutlich zu erkennen.

Taiso bedeutet schlicht Gymnastik, abgeleitet aus den Kanji 体 (Körper) und 操 (Übung). Wie allgemeine Gymnastik beziehungsweise speziell für Judo ausgerichtete Übungen hat Taiso das Ziel, den Körper auf das

Judo-Training vorzubereiten beziehungsweise in der Version von Radio-Taiso gesund in den Tag zu starten. Bereits in der Meiji-Ära war Taiso Bestandteil von Kampfkünsten, es handelt sich also nicht um eine neue Erfindung. *Kano* hatte 1924 die Seiryoku-zenyo-kokumin-taiiku für die allgemeine Bevölkerung entwickelt[44]. Sie sollte überall (nicht nur in einem Dojo mit Tatami) praktiziert werden können; *Kano* hielt sie insbesondere für Frauen und Kinder geeignet.

In Frankreich hat sich Taiso in den letzten Jahren für ältere Kampfsportler etabliert. Hierbei handelt es sich aber nicht – wie seit 2020 vom DJB vermarktet – um das vierte Element des Judo (nach Auffassung des DJB neben Kata, Randori und Shiai). Vielmehr wird Taiso dort als weitere „Sportart" von der FFJA neben anderen Budo-Sportarten eingeordnet. Der gewünschte Erfolg von Taiso hat sich in Deutschland trotz entsprechender Fortbildungsveranstaltungen und Berücksichtigung bei Trainer-Lizenzverlängerungen bisher nicht eingestellt, allerdings umfasst das Dan-Graduierungssystem seit 2023 Taiso als Wahlfach.

Taiso soll mit Judo-Hose und T-Shirt ausgeübt werden; durch das Zählen auf Japanisch von eins (ichi, 一) bis acht (hachi, 八) und das An- und Abgrüßen soll ein gewisser Judo-Bezug hergestellt werden. Je nach Trainingsgruppe können Übungen und Belastungsintensität angepasst werden, insoweit liegt dem die Idee eines Baukastensystems zugrunde. Zu Beginn der Covid-19-Pandemie 2020 sah man durchaus die Möglichkeit, Taiso als Alternative zum Vollkontaktsport Judo anzubieten, da Taiso auch alleine praktiziert werden kann. Wegen des deutlichen Mitgliederrückgangs im DJB in den letzten 20 Jahren hatte man ebenfalls die Hoffnung, primär ehemalige und/oder ältere Judoka mit diesem Trainingsangebot anzusprechen. Gerade der Erfolg in Frankreich dürfte hier eine wichtige Rolle gespielt haben.

Nach Übungen zum Aufwärmen und zur Mobilisation (mit einer Dauer von ungefähr zehn Minuten) folgt ein Grundlagenmodul (mit einer Dau-

---

44 Zu dieser Kata siehe Kapitel K II.

er von ungefähr 20 bis 30 Minuten), dessen Übungen alleine, mit einem Partner oder gemeinsam in einer Gruppe durchgeführt werden können. Das zweite Modul kann aus allgemeinen, judospezifischen und Atemübungen bestehen. Es kann jedoch auch mit Übungen aus Budo- oder anderen Sportarten angereichert werden. Die Körperbelastung kann von leicht bis schwer - entsprechend der Zielgruppe - variiert werden. Inhaltlich können durch die Übungen Ausdauer, Beweglichkeit, Konzentration, Koordination, Kraft und Schnelligkeit trainiert werden. Im Bereich der judospezifischen Übungen bieten sich die Formen Tandoku-renshu, Taisabaki, Ukemi, Uchi-komi und die Taiso-no-kata (Ju-no-kata, Go-no-kata und Seiryoku-zenyo-kokumin-taiiku)[45] an.

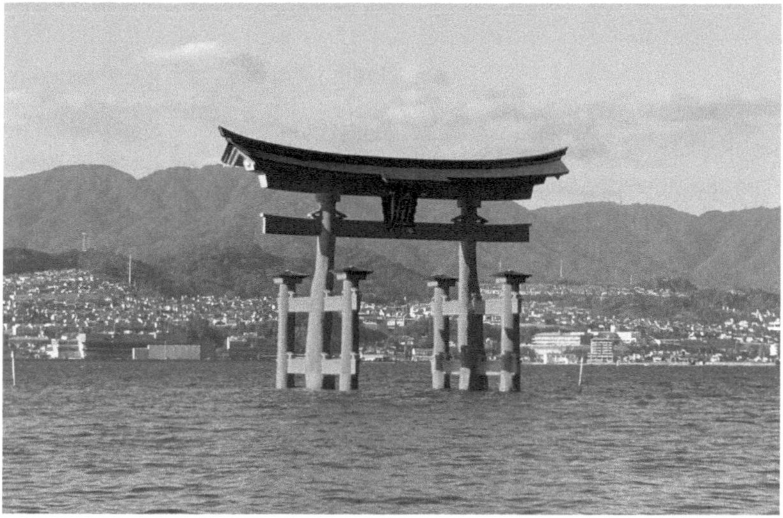

Abbildung 18: Torii des Itsukushima-jinja auf Miyajima (UNESCO-Weltkulturerbe)

[45] Siehe Kapitel K I.

★KAPITEL M ★

KAPPO

Kappo (活法, Wiederbelebungsmethode) setzt sich aus den Kanji „katsu" (in etwa „Lebenstechnik") und „ho" („Methode") zusammen. In Europa wird meistens der Begriff Katsu (活), auch Kuatsu geschrieben, verwendet. Dies sind im Wesentlichen Wiederbelebungs-techniken, quasi die Erste Hilfe im Kampfsport, insbesondere bei Ukes Bewusstlosigkeit und/ oder Kreislaufstillstand nach Atemi- oder Shime-waza.

Kappo, dessen Ursprünge in Japan wohl bis mindestens ins 17. Jahrhundert reichen, entwickelte sich gemeinsam mit Ju-Jutsu. Während Sappo (殺法) die (negative) Kunst, Kyusho durch Atemi-waza anzugreifen, ist, bildet Kappo das positive (wiederbelebende) Gegenstück dazu. Wenn beim Training Uke durch eine Schlag- oder Würgetechnik Toris das Bewusstsein verliert, kann er durch Kappo-Techniken innerhalb von Sekunden wieder bei Bewusstsein sein. In den Schulen waren diese Fähigkeiten als Okuden den Meistern vorbehalten und wurden nur mündlich überliefert. Das Prinzip dieser Techniken ist die Stimulierung der Nerven von Herz und Lungen durch kurze Stöße (gegebenenfalls in Kombination mit einem Kiai), um Reflexe hervorzurufen und so Organfunktionen wieder anzuregen. Da diese Techniken unter anderem in der Tenjin Shinyo-ryu gelehrt wurden, waren sie auch im Kodokan bekannt, wo sie noch heute gelegentlich demonstriert werden. Diese Kenntnisse, die in Japan seit mehreren Jahrhunderten Budo-Meister an ihre besten Schüler weitergeben, sind auch deswegen beachtlich, weil die heute übliche Herz-Lungen-Wiederbelebung erst seit ungefähr 60 Jahren bekannt ist.

Für *Jigoro Kano* war Kappo zwar in der Praxis nützlich, um „Sportverletzungen" zu behandeln, für ihn war es aber nicht Bestandteil des Judo. Heutzutage sind Kappo-Kenntnisse im Judo nur noch sehr gering verbreitet, weil sie praktisch kaum noch gelehrt werden. Entsprechend existiert auch nur wenig Literatur zu diesem Thema. Soweit ersichtlich, bietet in Europa nur der Schweizerische Judo & Ju-Jitsu Verband Katsu-Lehrgänge an beziehungsweise sieht diese im Rahmen seiner Dan-Prüfungsvorbereitung vor.

Kappo ist Teil der klassischen japanischen Medizin, die sich aus der chinesischen Medizin entwickelte. Im 18. Jahrhundert entstand die japanische Osteopathie, die den damaligen europäischen Anatomie-Kenntnissen weit voraus war. Seifuku-jutsu (Wiederherstellungskunst des ursprünglichen Zustands, 整復術) wurde die Kunst, auf nicht invasive Art unter anderem Knochenbrüche, Verrenkungen und Zerrungen zu behandeln – aber auch andere Beschwerden wie Kopfschmerzen oder Schwindelanfälle. In die Gegenwart übertragen ähnelt dies somit den Kenntnissen eines Judo-Physiotherapeuten. In der Meiji-Ära entwickelte sich Judo-Seifuku, die Judo-Therapie (柔道整復). Das japanische Innenministerium erkannte diese 1920 an, nachdem sie aufgrund der Öffnung Japans und der Orientierung an westlicher Medizin (insbesondere aus Deutschland) etwas in Vergessenheit geraten war. 2001 erwähnte die Weltgesundheitsorganisation (World Health Organization (WHO)) die Judo-Therapie als alternative Medizin wie zum Beispiel auch Akupunktur oder Shiatsu (Akupressur, 指圧). Therapeuten benötigen heutzutage eine Lizenz des Gesundheitsministeriums, um Judo-Seifuku ausüben zu dürfen. Judo-Kenntnisse sind dazu nicht erforderlich, obwohl häufig während der dreijährigen Ausbildung auch Judo-Techniken gelehrt werden, um das Verständnis von Judo-Seifuku zu verbessern. Ziel von Judo-Seifuku ist es, durch Gespräche mit den Patienten und Massagen die

Selbstheilungskräfte des Körpers zu aktivieren. Heute dürften ungefähr 70.000 Judo-Therapeuten in Japan praktizieren. Auch die medizinische Abteilung des Kodokan hat sich mit Judo-Seifuku auseinandergesetzt.

Eine einheitliche Klassifizierung der Techniken existiert wohl nicht beziehungsweise richtet sich nach der jeweiligen Schule, die diese Maßnahmen lehrt. Die Wiederbelebungstechniken lassen sich grob in Schlag- oder Drucktechniken auf Reflexzonen (typischerweise Hals, Brust, Bauch und Rücken, aber auch Fußsohlen) sowie in Massagetechniken einteilen, durch deren Rhythmus die Atmung wieder einsetzen soll (zum Beispiel durch Massage der Brust beziehungsweise Lungen). Viele Kappo-Punkte befinden sich in der Nähe der Wirbelsäule, sodass das Klopfen auf diese Punkte oder die Massage dieser Regionen bestimmte Organe und deren Funktionen anregen soll. Ferner gibt es schmerzlindernde Techniken, zum Beispiel gegen einen Tritt in die Hoden oder gegen Nasenbluten, die auch präventiv eine eventuell drohende Bewusstlosigkeit verhindern sollen. Schließlich existieren auch Techniken zur Behandlung von Verstauchungen, Verrenkungen oder Knochenbrüchen. Teilweise werden die Techniken auch anhand der Positionen von Tori und Uke eingeteilt.

Literaturempfehlungen zur Vertiefung:

Robert Lasserre, Techniques Secrètes de Réanimation, Paris 1959 (Französisch)

Eric de Winter, Kuatsu antalgiques, Paris 1975 (Französisch)

Eric de Winter, Kuatsu de réanimation, Paris 1975 (Französisch)

Henry Plée, L'Art Sublime et Ultime des Points de Vie, Noisy-sur-École 2004 (Französisch)

★ KAPITEL N★

PARA JUDO UND ID JUDO

I. PARA JUDO

Para Judo ist für Judoka, die sehbehindert (J2) oder blind (J1) sind, also nicht für Sportler mit anderen körperlichen Einschränkungen. Bei Wettkämpfen werden sie neben vier Gewichtsklassen (Frauen: bis 48 kg, bis 57 kg, bis 70 kg und über 70 kg; Männer: bis 60 kg, bis 73 kg, bis 90 kg und über 90 kg) auch nach ihrem Sehvermögen eingeteilt. Grundsätzlich unterscheidet sich Para Judo nicht vom „normalen" Judo. Nur zu Kampfbeginn und nach Unterbrechungen greifen sich die Wettkämpfer gegenseitig, um Kumi-kata wegen ihrer Behinderung beziehungsweise ihres Orientierungssinns anzupassen. Im Vergleich zum „normalen" Judo ist Para Judo etwas statischer, andererseits ist die Kumi-kata durch den vorhandenen Griff deutlich kraftbetonter.

Man gilt als sehbehindert, wenn die Sehkraft maximal zehn Prozent beträgt. Gerade weil Judo ein Vollkontaktsport ist und sich Kraft und Gleichgewichtsbruch gut erspüren lassen, ist es eine ideale Sportart für Blinde – sowohl im allgemeinen Vergleich mit anderen Sportarten als auch im speziellen Vergleich mit anderen Kampfsportarten. Allerdings bleibt festzuhalten, dass einige Nationen bei der Beurteilung der Sehkraft ihrer Judoka dafür bekannt sind, die Kriterien zugunsten ihrer Athleten auszuweiten. Dies benachteiligt entsprechend die anderen Nationen und entspricht nicht dem sportlichen „Fairplay".

Para Judo ist seit 1988 (für Männer) paralympische Sportart (beziehungsweise seit 2004 für Frauen). Die International Blind Sports Organization (IBSA) ist die Dachorganisation für Para Judo.

In Judo-Vereinen trainieren sehbehinderte mit normalen Judoka zusammen. Mit etwas Flexibilität und gegebenenfalls separaten Übungsformen (zum Beispiel bei Aufwärmspielen) funktioniert das für beide Gruppen gut. Am Boden sind praktisch keine Unterschiede zu erkennen.

Im Februar 2024 wird mit dem IBSA Judo Grand Prix die erste internationale Großveranstaltung im Para Judo in Heidelberg beziehungsweise in Deutschland überhaupt stattfinden und den teilnehmenden Judoka die Möglichkeit bieten, die letzten Startplätze für die Paralympics in Paris im Juli 2024 zu bekommen. Dieses Turnier unterstreicht die Bedeutung von Para Judo und zeichnet gleichzeitig den Olympiastützpunkt der Metropolregion Rhein-Neckar aus, weil dort 2012 die Qualifikation für die Paralympics in London stattfand beziehungsweise jährlich die Internationalen Deutschen Meisterschaften im Para Judo ausgerichtet werden.

II. ID JUDO

Als ID Judo (Intellectual Disability Judo) wird Judo bezeichnet, das Menschen mit geistiger Behinderung betreiben. In den 1980er Jahren fanden die ersten Veranstaltungen für solche Judoka statt. Sowohl interessierte Judo-Vereine als auch Förderschulen engagierten sich besonders für diese Zielgruppe; Judo-Trainer konnten sich in speziellen Lehrgängen fortbilden. Seit 1996 existiert eine Kyu-Prüfungsordnung, seit 2014 auch eine Dan-Prüfungsordnung für Judoka mit geistiger Behinderung, sodass auch diese Judoka ihre persönlichen Leistungen durch farbige Gürtel präsentieren können.

Die regulären Wettkampfregeln sind modifiziert worden, um Verletzungsrisiken der Judoka zu vermindern; insbesondere kämpfen die Judoka je nach Schwere ihrer motorischen Beeinträchtigung in unterschiedlichen Klassen. Gerade das Verletzungsrisiko führte dazu, dass es einige Zeit brauchte, bis sich Judo auch für geistig behinderte Judoka gegen gewisse Bedenken als sinnvolle Sportart etabliert hatte. Auch im ID Judo reichen die Wettkämpfe von regionalen Veranstaltungen bis hin zu Weltmeisterschaften und den Special Olympics. 1998 wurde ID Judo bei der ersten Veranstaltung auf Bundesebene als Demonstrationssportart zugelassen. Die ersten ID-Judo-Weltmeisterschaften fanden 2017 in Köln statt – ebenso wie 2019 die Europameisterschaften. Seit 2007 ist ID Judo auch bei den Special Olympics vertreten. Zuletzt riefen die Special Olympics 2023 in Berlin ein sehr positives Medienecho hervor.

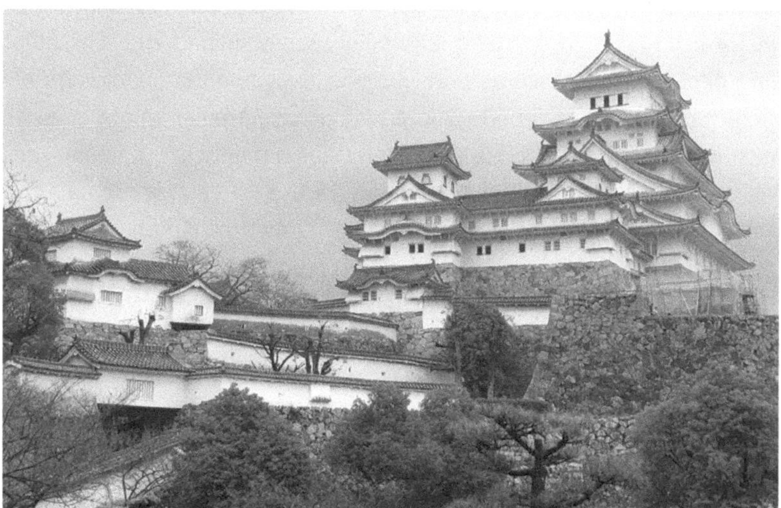

Abbildung 19: Himeji-jo in Himeji (UNESCO-Weltkulturerbe)

★ KAPITEL O ★

JUDO-PERSÖNLICHKEITEN

Die folgende Übersicht mit Kurzbiografien ist chronologisch nach Geburtsdaten geordnet und besitzt keinen Anspruch auf Vollständigkeit[46].

Sakujiro Yokoyama (横山 作次郎) wurde 1864 geboren. Als Kind trainierte er Ju-Jutsu. 1886 nahm er als Polizist an einem Vergleichskampf im Kodokan teil und wurde dort Mitglied, nachdem ihn *Shiro Saigo* besiegt hatte. Als Judo-Experte und erfolgreicher Kämpfer wurde er zu einem der Shitenno (四天王). Zu diesen „Vier Himmlischen Königen" des Kodokan gehören neben *Yokoyama* und *Saigo* auch *Tsunejiro Tomita* und *Yoshitsugu Yamashita*, die als wichtigste Schüler die Anfangsjahre und damit die Entwicklung des Kodokan-Judo prägten; insbesondere, weil es ihnen gelang, wichtige Kämpfe gegen Ju-Jutsu-Kämpfer anderer Schulen zu gewinnen und damit die Reputation ihrer Sportart zu verbessern und Judo zu verbreiten.

Im Buddhismus sind die Vier Himmlischen Könige Bishamonten (毘沙門天), Zojoten (増長天), Jikokuten (持国天) und Komokuten (広目天) Schutzgötter. Ihre Statuen sind Bestandteil jedes Tempels. Sie bewachen jeweils eine

---

[46] Zur Biografie von *Jigoro Kano*, dem Begründer des Kodokan-Judo, siehe Kapitel A II.

Himmelsrichtung und haben die Aufgabe, die buddhistische Lehre und die Menschen vor Dämonen zu beschützen.

Yokoyama erhielt ferner den Spitznamen „Oni (Dämon) Yokoyama", wohl auch wegen seiner Statur und seines Rufes als harter Lehrer. Er starb 1912 als achter Dan. Die Kodokan Hall of Fame erwähnt ihn – wie alle Shitenno – als „Halbgott".

Tsunejiro Tomita (富田 常次郎) wurde am 28. Februar 1865 geboren. Auf Empfehlung von *Kanos* Vater wurde er der erste Schüler des Kodokan. Zusammen mit *Saigo* war er 1883 der erste Dan-Träger, ebenfalls einer der Shitenno sowie Mitglied der Kodokan Hall of Fame. *Tomita* starb am 13. Januar 1937 als siebter Dan.

Yoshitsugu Yamashita (山下 義韶) wurde 1865 geboren. Als Kind lernte er Ju-Jutsu, ab 1884 trainierte er im Kodokan. Da er damals ein erfolgreicher Wettkämpfer war, insbesondere bei den Kämpfen gegen Ju-Jutsu-Schulen, wurde er ebenfalls einer der Vier Himmlischen Könige des Kodokan. Allerdings war *Yamashita* häufig in Straßenschlägereien verwickelt. 1903 reiste er in die USA, um dort Judo zu lehren. 1904 unterrichtete er sogar den damaligen Präsidenten *Theodore Roosevelt* (1858 bis 1919). 1906 kehrte er nach Tokyo zurück, um dort als Lehrer Judo weiter zu verbreiten. *Yamashita* starb 1935, ihm wurde posthum als erstem Judoka der zehnte Dan verliehen und er ist in der Kodokan Hall of Fame aufgeführt.

Shiro Saigo (西郷四郎) wurde 1866 geboren. 1882 zog er nach Tokyo und wurde das zweite Kodokan-Mitglied, 1883 war er einer der beiden ersten Dan-Träger. Er wurde für seine Wendigkeit und Fähigkeit, deutlich schwerere Gegner zu werfen, aber auch für seine Spezialtechnik Yama-arashi bekannt und trug so zur Popularität des Kodokan-Judo bei. In dessen Anfangszeit gelang es ihm, wichtige Vergleichskämpfe gegen Ju-Jutsu-Schulen zu gewinnen, sodass auch er einer der Shitenno wurde. Nach einer Straßenschlägerei musste er 1890 das Kodokan verlassen, er zog nach Nagasaki und widmete sich dem Kyudo. Trotzdem verlieh ihm *Kano*

1922 nach seinem Tod den sechsten Dan. Er wird ebenfalls in der Kodokan Hall of Fame aufgeführt.

Hajime Isogai (磯貝 一) wurde am 26. Oktober 1871 geboren. Er war einer der ersten Kodokan-Schüler und entwickelte sich insbesondere zu einem Ne-waza-Spezialisten. *Kano* verlieh ihm am 22. Dezember 1937 als erstem lebenden Judoka den zehnten Dan. *Isogai* starb am 19. April 1947. Er gilt als Mitbegründer des Kosen-Judo.

Kunisaburo Iizuka (飯塚 国三郎) wurde am 13. Juli 1875 geboren. Er wurde 1891 Mitglied im Kodokan. 1906 kehrte er als Judo-Trainer an die Keio-Universität (慶應義塾大学) in Tokyo zurück, wo er 1889 mit dem Judo begonnen hatte. 1946 wurde *Iizuka* als fünfter Judoka zum zehnten Dan befördert. Er starb am 25. Juli 1958.

Hideichi Nagaoka (永岡 秀一) wurde am 17. September 1876 geboren. Als Kind hatte er Ju-Jutsu der Kito-ryu gelernt, 1893 trat er dem Kodokan bei, wo er zu einem Sutemi-waza- und Ne-waza-Experten wurde. *Kano* verlieh ihm 1937 den zehnten Dan. *Nagaoka* starb am 22. November 1952. Einer seiner Schüler war *Toshiro Daigo*.

Kaichiro Samura (佐村 嘉一郎) lebte von 1880 bis 1964 und war einer der ältesten Judoka, die den zehnten Dan erreichten. Er trat dem Kodokan 1898 bei. Ein Jahr später wurde er der Leiter der Judo-Abteilung des Dai-nippon Butoku-Kai. Ab 1931 unterrichtete er im Kodokan. 1948 wurde er zum zehnten Dan befördert.

Kyuzo Mifune (三船 久蔵) wurde am 21. April 1883 geboren. Er gilt als bester Judo-Techniker nach *Kano*. Als Jugendlicher begann er Judo zu lernen, 1903 wurde er Mitglied im Kodokan. 1912 hatte er bereits den sechsten Dan erworben und war bis zu seinem Tod Lehrer am Kodokan. Trotz seiner kleinen Statur besiegte er Gegner, die doppelt so schwer waren wie er, was ihm die Bezeichnung „Gott des Judo" einbrachte. Angeblich soll er in seinen Kämpfen nie besiegt worden sein. 1945 wurde ihm als viertem Judoka überhaupt der zehnte Dan vom Kodokan verliehen. Nach dem Tod *Kanos* und dem Judo-Verbot nach dem Zweiten Weltkrieg war *Mifune* prägend für den „Neubeginn" des Kodokan-Judo. Sein 1956 erschienenes Buch „The Canon of Judo" ist aufgrund seiner technischen Erläuterungen und Systematik ein noch immer lesenswertes Meisterwerk. Zu Recht ist er Mitglied der Kodokan Hall of Fame. *Mifune* starb am 27. Januar 1965.

Shotaro Tabata (田畑昇太郎) wurde am 6. April 1884 geboren. 1900 wurde er Mitglied im Kodokan. Seit 1905 unterrichtete er am Dai-nippon Butoku-kai in Kyoto und förderte so dort den Ruf des Kodokan-Judo. 1948 wurde ihm der zehnte Dan verliehen. *Tabata* starb am 25. Mai 1950.

Matsutaro Shoriki (正力 松太郎) wurde am 11. April 1885 geboren. Er war zunächst Polizeibeamter. 1924 übernahm er die Tokyoter Tageszeitung „Yomiuri Shinbun" (読売新聞). Nach dem Zweiten Weltkrieg und der Verbüßung einer 21-monatigen Freiheitsstrafe als Kriegsverbrecher gründete er den ersten privaten Fernsehsender Japans (Nippon Television Network). In den 1950er Jahren war er Staatsminister im japanischen Kabinett. *Shoriki* ist der einzige Judoka, der den zehnten Dan (posthum) verliehen bekam, obwohl er kein Berufsjudoka war – *Shoriki* war aber in Judo-Verbänden als Vorsitzender aktiv. Ferner gilt er als Vater des professionellen Baseballs in Japan, dessen Entwicklung er nach dem Zweiten Weltkrieg ebenfalls stark unterstützte. Er starb am 9. Oktober 1969.

Kotaro Okano (岡野 功太郎) wurde am 24. April 1885 geboren. Er unterrichtete ebenfalls am Dai-nippon Butoku-kai und war Polizeiausbilder in Okayama. Zu Lebzeiten galt er als einer der besten Judoka. Ihm wurde der zehnte Dan nach seinem Tod am 2. Juni 1967 verliehen.

Erich Rahn wurde am 1. Mai 1885 geboren. Als Kind hatte er bereits Japaner und Ju-Jutsu kennengelernt, begann sich für diesen Kampfsport zu interessieren und gründete 1906 die erste Ju-Jutsu-Schule in Berlin. Hierdurch wurde er zum Wegbereiter japanischer Kampfkünste in Deutschland. Einige Jahre später bildete *Rahn* die Berliner Polizei im Bereich Selbstverteidigung aus. Einer seiner Schüler war *Alfred Rhode*, der sich erst dem Ju-Jutsu und anschließend dem Judo widmete. *Rahn* starb am 5. Juli 1973.

Gunji Koizumi (小泉 軍治) wurde am 8. Juli 1885 geboren. 1901 begann er das Ju-Jutsu der Tenjin Shinyo-ryu von *Nobushige Tago* zu lernen. Aus beruflichen Gründen verließ er Japan und kam 1906 nach London. Dort unterrichtete er zunächst in der Schule von *Yukio Tani*. 1918 eröffnete er in London den Budokwai. Dieser war der erste europäische Judo-Club, der schnell zu einer Art europäischer Kodokan-Niederlassung avancierte und nicht nur ein Ort für Judo, sondern auch für Vorträge zur japanischen Kultur geworden ist. Dadurch wurde *Koizumi* zum Begründer des Judo im Vereinigten Königreich. 1948 war er maßgeblich an der Gründung der British Judo Association und der EJU beteiligt. *Koizumi* war nicht nur ein Experte im Budo, sondern auch für fernöstliche Lackkunstwerke. Ähnlich wie *Kano* sah er im Judo mehr als eine reine Kampfsportart, für ihn stand die Persönlichkeitsentwicklung im Vordergrund. *Koizumi* beging am 15. April 1965 Suizid.

Shozo Nakano wurde im Januar 1888 geboren. Er unterrichtete Judo an der Tokyoter Ikashika-Universität und warb weltweit für das Kodokan-Judo. *Nakano* war für seinen Uchi-mata bekannt. Ihm wurde der zehnte Dan nach seinem Tod am 22. Dezember 1977 verliehen.

Tsunetane Oda (小田常胤) wurde am 10. März 1892 geboren und trainierte ab 1910 im Kodokan. Er entwickelte sich zum Bodenspezialisten und gilt als Mitbegründer des Kosen-Judo. *Oda* starb am 11. Februar 1955.

Tamio Kurihara wurde im Mai 1896 geboren. Seinen Abschluss erhielt er vom Kyoto Budo Senmon-gakko und lehrte anschließend als Judo-Trainer. Auch *Kurihara* wurde der zehnte Dan erst nach seinem Tod am 8. Oktober 1979 verliehen.

Alfred Rhode wurde am 16. August 1896 geboren. Als Polizist hatte er zunächst Ju-Jutsu bei *Erich Rahn* in Berlin gelernt. 1922 gründete er, nachdem er nach Frankfurt am Main versetzt worden war, dort den 1. Deutschen Judo-Club. Ab 1929 bestanden Kontakte zum Budokwai; der Austausch zwischen beiden und die seit 1932 stattfindende Judo-Sommerschule führten dazu, dass Kodokan-Judo anstelle von Ju-Jutsu gelehrt wurde. Nachdem sich *Kano* 1933 auch in Deutschland aufgehalten hatte, konnte er durchsetzen, dass in Deutschland der Begriff „Judo" statt „Ju-Jutsu" benutzt wurde. *Rhode* gründete 1932 den Deutschen Judo-Ring, der der Vorgänger des DJB war. 1952 folgte das DDK, dessen Präsident er bis 1967 war. Ebenso wie *Koizumi* war er an der Gründung der EJU entscheidend beteiligt. *Rhode* war der erste deutsche Dan-Träger. Außerdem vertrieb er Budo-Artikel über seine Firma „Sport Rhode". *Rhode* starb am 13. September 1978.

Mikinosuke Kawaishi (川石 酒造之助) wurde am 13. August 1899 geboren. An der Waseda-Universität in Tokyo begann er bei *Tamio Kurihara* Judo zu trainieren. In den 1920er Jahren kam er nach einem Aufenthalt in den USA nach London, wo er *Koizumi* traf und Judo unterrichtete. 1935 traf er in Paris *Moshé Feldenkrais*, mit dem er Judo in Frankreich etablierte. Auf Grundlage des Kodokan-Judo entwickelte er die Kawaishi-Methode: Nach seiner Systematisierung gibt es fünf Kategorien von insgesamt 60 Wurftechniken, die durchnummeriert sind. Bei den ebenfalls nummerierten Bodentechniken betrachtete er die Techniken nicht isoliert, sondern aus Standardsituationen heraus. *Kawaishi* führte sowohl die farbigen Kyu-Gürtel des Budokwai als auch französische Technikbezeichnungen und ein Gürtelprüfungssystem ein. Da er ebenso die Ausbildung der Judo-Lehrer standardisierte, wurde Judo in Frankreich sehr populär, was es bis heute geblieben ist. Auch im Judo, wie es heute in Deutschland existiert, zeigen sich noch immer die Einflüsse *Kawaishis*. Das Kodokan verlieh ihm den siebten Dan. Er starb am 30. Januar 1969 in Paris. In Frankreich existiert noch heute seine Systematisierung der Judo-Techniken und seine Bücher „Ma méthode de judo", „Ma méthode de self-défense" und „Les katas complets de judo" sind sehr bekannt. Passenderweise wird er auf seinem Grabstein als Begründer des französischen Judo bezeichnet.

Risei Kano (嘉納 履正) wurde am 25. November 1900 als zweiter Sohn *Jigoro Kanos* geboren. Er war von 1946 bis 1980 (zweiter) Präsident des Kodokan sowie von 1952 bis 1965 Präsident der IJF. *Kano* starb am 13. Januar 1986.

Sumiyuki Kotani (小谷 澄之) wurde am 3. August 1903 geboren. Er wurde von *Jigoro Kano* ausgebildet und lehrte anschließend an der Tokai-Universität (東海大学) in Tokyo. *Kotani* startete bei den Olympischen Spielen 1932 in Los Angeles als Ringer. Später setzte er sich weltweit für die Verbreitung des Kodokan-Judo ein. Im April 1984 erhielt er für seine Verdienste den zehnten Dan. *Kotani* starb am 19. Oktober 1991.

Moshé Feldenkrais (משה פלדנקרייז) wurde am 6. Mai 1904 geboren. Während seines Ingenieur-Studiums in Paris in den 1930er Jahren lernte er Ju-Jutsu und Judo. Damals lernte Feldenkrais sowohl *Jigoro Kano* als auch *Mikinosuke Kawaishi* kennen. Das Kodokan verlieh ihm als erstem Judoka, der nie im Kodokan in Tokyo Judo gelernt hatte, 1936 den ersten Dan. 1946 gründete er mit anderen Judoka den Judo Club de France, dem Vorgänger der FFJDA. *Feldenkrais* war hauptberuflich Wissenschaftler und entwickelte die sogenannte Feldenkrais-Methode; er starb am 1. Juli 1984.

Keiko Fukuda (福田 敬子) wurde am 12. April 1913 geboren. Sie war die Enkelin von *Hachinosuke Fukuda*, dem ersten Ju-Jutsu-Lehrer *Kanos*. Aus Respekt vor seinem früheren Lehrer lud *Kano* sie 1935 ein, bei ihm Judo zu lernen. Zwar war die erste Dan-Trägerin bereits 1933 *Katsuko Osaki*, allerdings war *Fukuda* die letzte noch lebende Schülerin *Kanos* und ist bis heute die höchstgraduierte Judoka – das Kodokan verlieh ihr 2006 den neunten Dan. Weil *Kano* sie ermutigt hatte, Judo, insbesondere für Frauen, im Ausland zu unterrichten, reiste sie 1953 das erste Mal nach Kalifornien (USA). 1964 wurde sie bei den Olympischen Spielen in Tokyo bekannt, als sie zusammen mit *Masako Noritomi* die Ju-no-kata demonstrierte. Beide waren damals die einzigen Judo-Lehrerinnen und hatten den fünften Dan inne. 1967 zog *Fukuda* nach San Francisco, um dort Judo praktisch bis zu ihrem Tod am 9. Februar 2013 zu unterrichten.

Horst Wolf wurde am 25. April 1917 geboren. 1934 begann er in Leipzig Ju-Jutsu zu trainieren. Nachdem er 1939 an der Judo-Sommerschule von *Rhode* in Frankfurt am Main teilgenommen hatte, verlagerte sich sein Interesse hin zum Judo. 1948 wurde *Wolf* Judo-Trainer in Leipzig,

1953 wurde er Lehrbeauftragter für Judo an der Deutschen Hochschule für Körperkultur. Seine theoretischen und methodischen Grundlagen prägten die damalige Judo-Ausbildung in der DDR, sie sind in seinen Büchern „Judo-Kampfsport", „Judo für Fortgeschrittene" und „Judo-Selbstverteidigung" enthalten. 1961 wurde er zum Präsidenten des Deutschen Judoverbands gewählt, daneben hatte er über viele Jahre Ämter bei der EJU und IJF inne. *Wolf* starb am 23. März 1988.

Masahiko Kimura (木村 政彦) wurde am 10. September 1917 geboren. Er gilt als einer der besten Judoka und verlor keinen seiner Judo-Kämpfe zwischen 1936 und 1950. Bereits mit 18 Jahren erhielt er als jüngster Judoka überhaupt den fünften Dan. Seine Spezialtechnik war O-soto-gari. International bekannt wurde *Kimura* 1951, als er den Begründer des Brazilian Jiu-Jitsu (BJJ), *Hélio Gracie* (1917 bis 2009), mit einem Gyaku-ude-garami besiegte, indem er diesem den Arm brach. Aufgrund dessen ist diese Hebeltechnik im BJJ auch als „Kimura-Hebel" bekannt. Später wurde *Kimura* Berufsringer. Er starb am 18. April 1993.

Yoshihiro Uchida wurde am 1. April 1920 in Calexico (USA) geboren. Als Kind lernte er Judo und entwickelte Judo als Sportart in den USA nach seinem Biologie-Studium weiter. *Uchida* war sowohl Präsident der Judo Black Belt Federation of America als auch der Judo-Trainer der US-amerikanischen Mannschaft bei den Olympischen Spielen 1964 in Tokyo. Für seine langjährigen Judo-Verdienste verlieh ihm die IJF 2013 den zehnten Dan.

Ichiro Abe (安部一郎) wurde am 12. November 1922 geboren. Als Kodokan-Lehrer war er in den 1950er Jahren sowohl in Frankreich als auch in Belgien (dort als Nationaltrainer) tätig und förderte so unter anderem die Entwicklung des Judo in Europa. Am 8. Januar 2006 verlieh ihm das Kodokan gemeinsam mit *Toshiro Daigo* und *Yoshimi Osawa* den zehnten Dan. Er starb am 27. Februar 2022.

Shozo Awazu (粟津 正蔵) wurde am 18. April 1923 in Kyoto geboren. 1950 wanderte er nach Frankreich aus und unterstützte *Mikinosuke Kawaishi* dabei, Judo dort als Sportart bekanntzumachen. *Awazu* bildete viele erfolgreiche französische Judoka aus. Für seine Verdienste verlieh ihm das Kodokan den neunten Dan. Der Ne-waza-Experte starb am 17. März 2016.

Toshiro Daigo (醍醐 敏郎) wurde am 2. Januar 1926 geboren. 1940 wurde er Kodokan-Mitglied. Er war einer der erfolgreichsten Judoka nach dem Zweiten Weltkrieg. Ab 1948 unterrichtete *Daigo* dort und leitete ab 1986 dessen Ausbildungsabteilung. Für seine Weiterentwicklung des Kodokan-Judo bekam er 2006 den zehnten Dan verliehen. *Daigo* veröffentlichte mehrere Fachbücher; am bekanntesten ist „Wurftechniken des Kodokan-Judo". Am 10. Oktober 2021 starb er an einer Lungenentzündung.

Yoshimi Osawa (大澤 慶己) wurde am 6. März 1926 geboren. Er nahm ebenfalls 1940 das Judo-Training im Kodokan auf. Nach Abschluss seines BWL-Studiums arbeitete *Osawa* zunächst für die Makotozuka Securities Bank, bevor er ab 1951 im Kodokan unterrichtete. Anschließend setzte er seine Trainer-Karriere an der Waseda-Universität fort. Daneben war er unter anderem international als Kampfrichter tätig. *Osawa* wurde auch 2006 der zehnte Dan verliehen; er galt als Ashi-waza-Spezialist. Am 21. Oktober 2022 starb auch er an einer Lungenentzündung. *Osawa* war der letzte lebende höchste Dan-Träger.

Charles Palmer wurde am 15. April 1930 geboren. Er lernte bereits als Jugendlicher bei *Gunji Koizumi* Judo im Budokwai und im Anschluss einige Jahre im Kodokan in Tokyo. *Palmer* war Mitglied der britischen Nationalmannschaft und engagierte sich nach seiner Wettkampfkarriere als Funktionär: Er war 20 Jahre lang Vorsitzender der British Judo Association (BJA). 1965 wurde *Palmer* als erster Nicht-Japaner Präsident der IJF. 1999 verlieh ihm die IJF den zehnten Dan. *Palmer* starb am 17. August 2001.

Anton Geesink wurde am 6. April 1934 in Utrecht geboren. 1961 wurde er der erste nicht-japanische Judo-Weltmeister, indem er gegen *Koji Sone* gewann. Vielleicht war seine Physis – eine Größe von knapp 2 m und ein Gewicht von 120 kg – auch ein Grund, warum anschließend (drei) Gewichtsklassen eingeführt wurden. 1964 erkämpfte er bei den

Olympischen Spielen in Tokyo in der offenen Klasse die Goldmedaille. Im Finale besiegte er *Akio Kaminaga* mit einem Kesa-gatame, was für Japan zunächst ein schockierendes Ergebnis war. Gleichzeitig förderte es aber die weltweite Popularität von Judo – und zwar nicht nur als Sportart, sondern auch als Lebenseinstellung und mit den damit verbundenen Werten. 1967 gründete *Geesink* nach dem Ende seiner Wettkampfkarriere eine Judo-Schule; sein Judo-System basierte im Wesentlichen auf Angriff und Reaktion. Er war sowohl Mitglied im Nationalen Olympischen Komitee der Niederlande als auch im IOC. 1997 verlieh ihm die IJF als zweitem Nicht-Japaner den zehnten Dan. Er ist in der IJF Hall of Fame aufgeführt. *Geesink* starb am 27. August 2010.

George Kerr wurde am 24. August 1937 geboren. 1957 wurde er in Rotterdam Europameister in der Gewichtsklasse bis 80 kg. 2001 wurde er zum Präsidenten der BJA gewählt. Für seine Judo-Verdienste verlieh ihm die IJF 2010 den zehnten Dan.

Isao Ikonuma (猪熊 功) wurde am 4. Februar 1938 geboren. Er war 1964 der erste Judo-Olympiasieger in der Gewichtsklasse über 80 kg in Tokyo. 1965 wurde *Ikonuma* Weltmeister in Rio de Janeiro. Anschließend unterrichtete er Judo unter anderem bei der Tokyoter Polizei (Keishi-cho, 警視庁) und an der Tokai-Universität (Tokai Daigaku, 東海大学), wo er auch *Yasuhiro Yamashita* betreute. *Ikonuma* starb am 28. September 2001, als er Suizid beging.

Franco Capelletti wurde am 28. Dezember 1938 geboren. In seiner Kindheit war er zuerst Fußballer gewesen, bevor er sich für Judo interessierte. Nach seiner Wettkampfkarriere wurde *Capelletti* Judo-Trainer und Funktionär. Bei der IJF engagierte er sich als Kata-Experte, die ihm 2017 als erstem Italiener den zehnten Dan verlieh.

Ho-san Han (한호산) wurde am 12. April 1939 in Seoul geboren. 1963 zog er wegen seines Studiums nach Hannover und lebt seitdem in Deutschland. *Han* war von 1965 bis 2000 Bundestrainer im DJB. 2001 ernannte ihn der DJB zum Ehren-Bundestrainer.

Willem Ruska wurde am 29. August 1940 in Amsterdam geboren. Nachdem er 1967 und 1971 Weltmeister in der Gewichtsklasse über 93 kg geworden war, gewann er 1972 in München bei den Olympischen Spielen die Goldmedaille sowohl in dieser als auch in der offenen Gewichtsklasse. Ferner war *Ruska* siebenfacher Europameister. Nach seiner aktiven Judo-Laufbahn wurde er professioneller Ringer. *Ruska* starb am 14. Februar 2015.

Wolfgang Hofmann wurde am 30. März 1941 geboren. Er gewann bei den Olympischen Spielen 1964 in Tokyo die Silbermedaille in der Gewichtsklasse bis 80 kg, dies war die erste olympische Medaille für einen deutschen Judoka. Neben vielfachen deutschen Meistertiteln wurde er sowohl 1965 als auch 1968 Europameister (sowie 1969 Mannschaftseuropameister). Vor den Olympischen Spielen hatte *Hofmann* zwei Jahre an der Tenri-Universität (Tenri Daigaku, 天理大学) in der Präfektur Nara hart trainiert – unter anderem regelmäßig mit seinem Finalgegner *Isao Okano* (岡野 功, geboren am 20. Januar 1944). Er hatte als Diplom-Sportlehrer und Dozent maßgeblichen Einfluss auf die grundlegende Systematisierung der Judo-Techniken und der Judo-Ausbildung im DJB (so zum Beispiel durch sein 1978 erschienenes Buch „Judo – Grundlagen des Stand- und Bodenkampfes"; zusammen mit *Mahito Ohgo* (geboren am 2. Februar 1941). Zu seinen Judo-Schülern zählen *Ulrich Klocke* (erfolgreicher Trainer und Autor von Judo-Büchern) und *Ralf Lippmann* (DJB-Ausbildungsleiter). *Hofmann* starb am 12. März 2020.

Klaus Glahn wurde am 23. März 1942 geboren. Er gewann bei den Olympischen Spielen 1964 in Tokyo, bei denen Judo erstmalig als Sportart vertreten war, die Bronzemedaille (in der offenen Klasse). Er war dreifacher Europameister (1963, 1968, 1970), Mannschaftseuropameister sowie siebenfacher Deutscher Meister und damit einer der erfolgreichsten deutschen Judoka. Nach seiner Wettkampfkarriere war er von 1985 bis 1988 sowohl Präsident des DJB als auch Vizepräsident der EJU.

Fred Marhenke wurde am 19. April 1950 geboren. Er war in den 1970er Jahren ein erfolgreicher Judoka, unter anderem wurde er viermal Deutscher Meister in der Gewichtsklasse bis 80 kg bzw. bis 78 kg. *Marhenke* ist auch für eine Variante von Juji-jime bekannt, die nach ihrem Erfinder „Marhenke-Würger" benannt wurde.

Shozo Fujii (藤猪 省太) wurde am 11. Mai 1950 geboren. Der Japaner ist vierfacher Weltmeister (1971 in Ludwigshafen, 1973 in Lausanne, 1975 in Wien und 1979 in Paris; in den Gewichtsklassen bis 80 kg beziehungsweise bis 78 kg). Nach seiner Laufbahn als Leistungssportler kehrte *Fujii* an die Tenri-Universität als Trainer zurück.

Dietmar Lorenz wurde am 23. September 1950 geboren. 1980 gewann er in Moskau als erster deutscher Judoka eine Goldmedaille bei den Olympischen Spielen (in der offenen Gewichtsklasse, zusätzlich die Bronzemedaille in der Gewichtsklasse bis 95 kg). Außerdem hatte *Lorenz* 1978 in Tokyo als erster Ausländer den (ersten) Jigoro Kano Cup (heute der Grand Slam in Tokyo) gewonnen. Ferner war er vierfacher Europameister in den 1970er Jahren sowie siebenfacher DDR-Meister. *Lorenz* starb am 8. September 2021.

Katsuhiko Kashiwazaki (柏崎 克彦, geboren am 16. September 1951) ist ein japanischer Judoka und einer der besten Bodenspezialisten, der 1981 in Maastricht Weltmeister in der Gewichtsklasse bis 65 kg wurde. Nach seiner Wettkampfkarriere unterrichtete er unter anderem in London im Budokwai und erarbeitete sich als Autor von Judo-Fachliteratur insbesondere mit präzisen Technikfotos einen international anerkannten Expertenstatus. Ferner ist *Kashiwazaki* für seine Sutemi-waza bekannt.

Robert van de Walle (geboren am 20. Mai 1954) gewann 1980 bei den Olympischen Spielen in Moskau die Goldmedaille (bis 95 kg) für Belgien. Er ist der erste Judoka, der an fünf Olympischen Spielen (zwischen 1976 und 1992) teilgenommen hat; 1988 gewann er in Seoul seine zweite olympische Medaille (Bronze, ebenfalls in der Gewichtsklasse bis 95 kg). Außerdem wurde *van de Walle* dreimal Europameister (1980, 1985 und 1986). Die IJF verlieh ihm 2021 den neunten Dan.

Günther Neureuther wurde am 6. August 1955 geboren. In den 1970er und 1980er Jahren war er ein international erfolgreicher Judoka. 1976 errang er bei den Olympischen Spielen in Montreal die Silbermedaille (in der Gewichtsklasse bis 95 kg), 1984 wurde *Neureuther* Europameister und gewann bei den Olympischen Spielen in Los Angeles die Bronzemedaille. Eine Variante von Hadaka-jime ist nach ihm als „Neureuther-Würger" benannt. 2017 wurde *Neureuther* der achte Dan verliehen, außerdem ist er Ehrenmitglied des Bayerischen Judoverbandes.

Detlef Ultsch wurde am 7. November 1955 geboren. Er wurde 1979 in Paris der erste deutsche Judo-Weltmeister und gewann 1983 in Moskau erneut die Weltmeisterschaften. Von 2009 bis 2016 war er außerdem Trainer der deutschen Nationalmannschaft. Ferner geht der 2011 gegründete gemeinnützige Hilfsverein Judoka für Judoka e.V. auf die Initiative von *Ultsch* zurück.

Yasuhiro Yamashita (山下 泰裕, geboren am 1. Juli 1957) ist einer der erfolgreichsten Judoka und trägt den neunten Dan. Im Zeitraum von Oktober 1977 und April 1985 war er unbesiegt und gewann 203 Kämpfe nacheinander. 1984 gewann er die Goldmedaille bei den Olympischen Spielen in Los Angeles; außerdem gewann *Yamashita* vier Weltmeister-Titel (1979, 1981 (sowohl in der Gewichtsklasse über 95 kg als auch in der offenen Klasse) und 1983. Nach seiner aktiven Laufbahn war er Trainer der japanischen Nationalmannschaft. Er berät unter anderem die IJF und die All Japan Judo Federation, zudem ist er Mitglied des IOC.

Barbara Claßen (23. November 1957 bis 13. Juni 1990) wurde 1982 in Paris die erste deutsche Judo-Weltmeisterin (in der Gewichtsklasse bis 72 kg). Außerdem war sie fünffache Europameisterin (1978, 1979, 1980, 1981 und 1984).

Marius Vizer (geboren am 7. November 1958) ist ein rumänischer Judo-Funktionär. Von 1998 bis 2000 war er Vorsitzender des rumänischen Judo-Verbandes, von 2000 bis 2007 war er Vorsitzender der EJU. Seit 2007 ist *Vizer* Vorsitzender der IJF. Er ist mit *Wladimir Putin* befreundet, den er 2008 zum Ehrenvorsitzenden der IJF ernannte, bevor diese Ernennung 2022 wegen des Angriffs Russlands auf die Ukraine annulliert wurde. Die seit 2009 stattfindende Judo World Tour geht auf Initiative *Vizers* zurück, der neben seinen Judo-Aktivitäten ebenfalls ein erfolgreicher Geschäftsmann ist.

Shota Khabareli (შოთა ხაბარელი, geboren am 26. Dezember 1958) war in den 1980er Jahren ein international erfolgreicher sowjetischer Judoka. Er wurde in der Gewichtsklasse bis 78 kg 1980 in Moskau Olympiasieger. Nach seiner aktiven Laufbahn war *Khabareli* als Judo-Trainer tätig, insbesondere für die georgische Judo-Nationalmannschaft. Berühmt wurde er aufgrund einer Aushebetechnik („Khabareli-Ausheber"), die nach ihm benannt wurde, inzwischen aber nicht mehr regelkonform und damit im Wettkampf verboten ist.

Hitoshi Saito (斉藤 仁, 2. Januar 1961 bis 20. Januar 2015) wurde 1983 in Moskau Weltmeister in der offenen Gewichtsklasse. Sowohl 1984 als auch 1988 (im Finale gegen den Deutschen *Henry Stöhr*) gewann er die Goldmedaille bei den Olympischen Spielen in Los Angeles und Seoul (über 95 kg). *Saito* kämpfte regelmäßig gegen *Yasuhiro Yamashita*, konnte gegen ihn aber nie gewinnen, letzterer war der einzige, der *Saito* besiegen konnte. *Saitos* Sohn, *Tatsuru Saito*, gewann 2022 bei den Weltmeisterschaften die Silbermedaille. *Saito* starb 2015 an Leberkrebs. Posthum verlieh ihm das Kodokan den neunten Dan.

Andreas Preschel (geboren am 1. Februar 1961) gewann die Weltmeisterschaften 1983 in Moskau in der Gewichtsklasse bis 95 kg.

Ingrid Berghmans wurde am 24. August 1961 geboren. Die Belgierin, die in den 1980er Jahren eine der besten Judoka war, gewann die Goldmedaille bei den Olympischen Spielen 1988 in Seoul in der Gewichtsklasse bis 72 kg. Sie ist sechsfache Weltmeisterin (1980, 1982, 1984, 1986 und 1989 in der Gewichtsklasse bis 72 kg beziehungsweise in der offenen Klasse) und siebenfache Europameisterin (1983, 1985, 1987, 1988, 1989 in den genannten Gewichtsklassen).

Frank Wieneke (geboren am 31. Januar 1962) ist einer der erfolgreichsten deutschen Judoka. Er gewann 1984 bei den Olympischen Spielen in Los Angeles die Goldmedaille und vier Jahre später in Seoul die Silbermedaille (jeweils bis 78 kg). Von 2001 bis 2008 war er Trainer der deutschen Nationalmannschaft und führte *Ole Bischof* zur Goldmedaille (2008 in Bejing). Seit 2009 arbeitet er an der Trainerakademie in Köln. 2016 wurde *Wieneke* als erster und einziger Judoka in die Hall of Fame des deutschen Sports aufgenommen.

Alexandra Schreiber-Little (geboren am 13. April 1963) errang den Weltmeistertitel 1987 in Essen (in der Gewichtsklasse bis 66 kg). Außerdem war sie 1988 und 1990 Europameisterin.

Johan Laats (geboren am 10. Januar 1967) ist ein mehrfacher Judo-Olympia-Teilnehmer (in der Gewichtsklasse bis 78 kg) aus Belgien, der – zusammen mit seinem Bruder *Philip Laats* – Anfang der 1990er Jahre eine Wettkampf-Variante von Kata-Guruma populär machte („Laats-Rolle"). Da bei der ursprünglichen Version Tori Ukes Bein greift, ist die Technik in dieser Ausführung im Wettkampf verboten. *Laats* war mehrfacher Belgischer Meister. Auch ***Philip Laats*** (geboren am 2. Februar 1963) war ein erfolgreicher Judoka in den 1980er Jahren, der ebenfalls mehrmals an den Olympischen Spielen teilnahm (in der Gewichtsklasse bis 65 kg).

Udo Quellmalz (geboren am 8. März 1967) gewann 1996 bei den Olympischen Spielen in Atlanta die Goldmedaille (in der Gewichtsklasse bis 65 kg), nachdem er bereits 1992 in Barcelona die Bronzemedaille gewonnen hatte. Ferner war er 1991 (Barcelona) und 1995 (Chiba) Weltmeister. Nach seiner Wettkampfkarriere war *Quellmalz* sowohl Nationaltrainer in Großbritannien als auch Österreich.

Frauke Eickhoff (geboren am 24. Oktober 1967) wurde 1991 in Barcelona Weltmeisterin (in der Gewichtsklasse bis 61 kg).

Toshihiko Koga (古賀 稔彦, 21. November 1967 bis 24. März 2021) war Träger des neunten Dan und gilt als bester Seoi-nage-Techniker, insbesondere in Form des von außen eingedrehten Wurfes („Koga-Seoi-nage"). 1992 errang er bei den Olympischen Spielen in Barcelona die Goldmedaille (in der Gewichtsklasse bis 71 kg); ferner wurde er dreimal Weltmeister (1989, 1991 und 1995). Nach seiner aktiven Zeit als

Wettkämpfer war *Koga* als Judo-Trainer tätig und gründete eine Judo-Schule für Kinder.

David Douillet (geboren am 17. Februar 1969) ist ein ehemaliger französischer Judoka und Politiker. Er ist vierfacher Weltmeister (1993, 1995 (sowohl in der Gewichtsklasse über 95 kg als auch in der offenen Klasse) und 1997) sowie zweifacher Olympiasieger (1996 in Atlanta und 2000 in Sydney; 1992 hatte er bereits in Barcelona eine Bronzemedaille gewonnen). 1994 wurde er in Danzig (Polen) Europameister. Aufgrund seiner sportlichen Erfolge gilt er noch immer als einer der besten Judoka.

Daniel Lascău (geboren am 15. Mai 1969) ist ein rumänisch-deutscher Judoka, der 1991 in Barcelona Weltmeister in der Gewichtsklasse bis 78 kg wurde.

Stefan Dott wurde am 27. September 1969 geboren. 1991 wurde er Europameister (in der Gewichtsklasse bis 71 kg); *Dotts* Spezialtechnik war Seoi-nage.

Johanna Hagn (geboren am 27. Januar 1973) gewann 1993 in Hamilton (Kanada) die Weltmeisterschaften in der Gewichtsklasse über 72 kg. Außerdem war sie 1997 Europa-meisterin in derselben Gewichtsklasse.

Daniel „Danny" Kingston (geboren am 12. Februar 1973) war in den 1990er Jahren ein international erfolgreicher britischer Judoka. 1996 wurde er in Den Haag (Niederlande) Europameister in der Gewichtsklasse bis 71 kg. Nach ihm ist eine Variante von Ohten-jime (Rollbankwürgen) benannt worden. Diese Bezeichnung scheint wohl nur in Deutschland gebräuchlich zu sein, international hat sich wohl die Bezeichnung „British Roll" durchgesetzt, in Großbritannien die Bezeichnung als „Hungarian Roll".

Ki-young Jeon (전기영, geboren am 11. Juli 1973) wurde 1996 in Atlanta Olympiasieger in der Gewichtsklasse bis 90 kg. Ferner war er 1995 (Hamilton), 1995 (Chiba) und 1997 (Paris) Weltmeister (in der Gewichtsklasse bis 78 kg beziehungsweise bis 86 kg). Nach seiner Zeit als Leistungssportler wurde *Jeon* Judo-Trainer.

Driulis González Morales wurde am 21. September 1973 geboren. 1996 wurde die Kubanerin in Atlanta Olympiasiegerin in der Gewichtsklasse bis 56 kg. Insgesamt nahm sie an fünf Olympischen Spielen teil. Außerdem ist *González Morales* dreifache Weltmeisterin (1995, 1999 und 2007).

Tadahiro Nomura (野村 忠宏, geboren am 10. Dezember 1974) ist einer der berühmtesten japanischen Judoka und stammt aus einer Familie von erfolgreichen Judoka. Als einziger Judoka hat er drei olympische Goldmedaillen nacheinander gewonnen (in der Gewichtsklasse bis 60 kg 1996 in Atlanta, 2000 in Sydney und 2004 in Athen). Zusätzlich wurde er 1997 in Paris Weltmeister.

Ryoko Tani (谷 亮子, geboren am 6. September 1975 als *Ryoko Tamura*, Spitzname „Yawara-chan" aufgrund der „Yawara!"-Mangas) ist die erfolgreichste weibliche Judoka. Sie gewann als erste Frau zweimal die Goldmedaille bei den Olympischen Spielen (2000 in Sydney und 2004 in Athen, daneben auch noch Silber 1992 in Barcelona und 1996 in Atlanta sowie Bronze 2008 in Beijing; jeweils in der Gewichtsklasse bis 48 kg). Außerdem ist *Tani* siebenfache Weltmeisterin (1993, 1995, 1997, 1999, 2001, 2003, 2007). Diesen Rekord stellte erst der Franzose *Teddy Riner* 2015 ein. Hierbei ist jedoch zu beachten, dass früher die Weltmeisterschaften nur alle zwei Jahre ausgetragen wurden und heute jährlich stattfinden. Nachdem *Tani* 2010 ihre professionelle Judo-Karriere beendete, wechselte sie in die Politik.

Noriko Anno (阿武 教子) wurde am 23. Mai 1976 geboren. 2004 gewann die Japanerin die Goldmedaille bei den Olympischen Spielen in Athen (in der Gewichtsklasse bis 78 kg). In derselben Gewichtsklasse wurde sie viermal nacheinander Weltmeisterin (1997 in Paris, 1999 in Birmingham, 2001 in München und 2003 in Osaka).

Florian Wanner (geboren am 2. Februar 1978) errang bei den Weltmeisterschaften in Osaka in der Gewichtsklasse bis 81 kg den Titel und nahm sowohl an den Olympischen Spielen 2000 in Sydney als auch 2004 in Athen teil.

Kosei Inoue (井上 康生, geboren am 15. Mai 1978) ist ein japanischer Judoka, der 1999, 2001 und 2003 Weltmeister in der Gewichtsklasse bis 100 kg wurde. Außerdem gewann er bei den Olympischen Spielen 2000 in Sydney die Goldmedaille. Seine Spezialtechnik war Uchi-mata; er gilt als einer der besten Judo-Wettkämpfer. Seit 2012 ist *Inoue* der Trainer der japanischen Nationalmannschaft.

Masae Ueno (上野 雅恵) wurde am 17. Januar 1979 geboren. Die Japanerin gewann sowohl bei den Olympischen Spielen 2004 in Athen als auch 2008 in Beijing die Goldmedaille in der Gewichtsklasse bis 70 kg. *Ueno* wurde außerdem 2001 in München und 2003 in Osaka Weltmeisterin (ebenfalls in derselben Gewichtsklasse).

Sun-hui Kye (계 순희) wurde am 2. August 1979 geboren. Die Nordkoreanerin startete 1996 bei den Olympischen Spielen nur aufgrund einer Wildcard und gewann überraschend und als jüngste Judoka die Goldmedaille (in der Gewichtsklasse bis 48 kg). In den folgenden Jahren wurde sie vierfache Weltmeisterin (2001 in München, 2003 in Osaka, 2005 in Kairo und 2007 in Rio de Janeiro).

Ole Bischof wurde am 27. August 1979 geboren. Er gewann bei den Olympischen Spielen sowohl die Gold- (2008 in Beijing) als auch die Silbermedaille (2012 in London) in der Gewichtsklasse bis 81 kg. Außerdem wurde er 2005 in Rotterdam Europameister. Von 2014 bis 2018 war *Bischof* Vizepräsident im DOSB.

Andreas Tölzer wurde am 27. Januar 1980 geboren. 2012 gewann er bei den Olympischen Spielen in London die Bronzemedaille in der Gewichtsklasse über 100 kg. Eine Bodentechnik, bei der Tori Uke in einen Haltegriff dreht, ist nach ihrem Erfinder als „Tölzer-Umdreher" benannt. 2006 wurde *Tölzer* Europameister in der Gewichtsklasse über 100 kg. Nach seiner erfolgreichen Wettkampfzeit wurde er Trainer, aktuell ist *Tölzer* Trainer der U21-Nationalmannschaft.

Yvonne Snir-Bönisch wurde am 29. Dezember 1980 geboren. Sie ist die erste deutsche Judoka, die bei den Olympischen Spielen (2008 in Athen, in der Gewichtsklasse bis 57 kg) eine Goldmedaille erkämpfte. Nach ihrer Wettkampfkarriere war sie Nationaltrainerin in Israel. Seit 2021 ist sie österreichische Nationaltrainerin.

Ilias Iliadis (geboren am 10. November 1986) ist ein aus Georgien stammender griechischer Judoka, der 2004 die Goldmedaille bei den Olympischen Spielen in Athen (in der Gewichtsklasse bis 81 kg) gewann. Außerdem war er 2010, 2011 und 2014 Weltmeister (in der Gewichtsklasse bis 90 kg). Seit 2019 ist er Trainer der usbekischen Nationalmannschaft.

Teddy Riner (geboren am 7. April 1989, Gewichtsklasse über 100 kg) ist einer der erfolgreichsten Judoka (aktueller Weltmeister (2023)) und populärsten Sportler in Frankreich. Zwischen 2007 und 2023 gewann er als bisher einziger Judoka elf Weltmeistertitel und drei olympische Goldmedaillen (2012 in London, 2016 in Rio de Janeiro sowie 2021 in Tokyo im Mannschaftswettbewerb). Ferner ist er fünffacher Europameister.

Lukáš Krpálek wurde am 15. November 1990 geboren. Er ist der erfolgreichste tschechische Judoka: Er gewann sowohl bei den Olympischen Spielen 2016 in Rio de Janeiro (bis 100 kg) als auch 2021 in Tokyo (über 100 kg) die Goldmedaille. Ferner ist *Krpálek* zweifacher Weltmeister (2014 in Tscheljabinsk (Russland) und 2019 in Tokyo) und dreifacher Europameister (2013, 2014 und 2018). Seine Spezialtechnik ist Sumi-gaeshi.

Alexander Wieczerzak (geboren am 22. März 1991) gewann 2017 die Weltmeisterschaften in der Gewichtsklasse bis 81 kg in Budapest.

Shohei Ono (大野将平, geboren am 3. Februar 1992) ist ein japanischer Judoka, der im Dezember 2022 seine Wettkampfkarriere beendete, aber weiterhin Judo als Trainer betreibt. Er ist dreifacher Weltmeister und gewann zwei Olympische Goldmedaillen (2016 in Rio de Janeiro und 2021 in Tokyo). Er dominierte fast ein Jahrzehnt die Gewichtsklasse bis 73 kg und war für sein starkes „klassisches" Ippon-Judo bekannt.

Clarisse Agbégnénou wurde am 25. Oktober 1992 geboren. Die Französin gewann bei den Olympischen Spielen 2021 in Tokyo zweimal die

Goldmedaille (in der Gewichtsklasse bis 63 kg sowie mit der französischen Mannschaft) und zuvor 2016 in Rio de Janeiro die Silbermedaille. Außerdem ist sie sechsfache Weltmeisterin (2014, 2017, 2018, 2019, 2021 und 2023) sowie vierfache Europameisterin.

Joshiro Maruyama (丸山城志郎) wurde am 11. August 1993 geboren. Er ist zweifacher Weltmeister in der Gewichtsklasse bis 66 kg (2019 und 2021) sowie japanischer Dauerrivale von *Hifumi Abe*.

Das Titelbild dieses Buches zeigt den Finalkampf zwischen *Maruyama* und *Abe* bei den Weltmeisterschaften 2023 in Doha.

Anna-Maria Wagner wurde am 17. Mai 1996 geboren. 2021 errang sie den Titel der Weltmeisterin in der Gewichtsklasse bis 78 kg in Budapest und einen Monat später jeweils die Bronzemedaille bei den Olympischen Spielen in Tokyo sowohl in der Gewichtsklasse bis 78 kg als auch im Team der deutschen Mannschaft.

Hifumi Abe (阿部一二三) wurde am 9. August 1997 in Kobe geboren. Er ist vierfacher Weltmeister (2017, 2018, 2022 und 2023) sowie Olympiasieger (2021 in Tokyo) in der Gewichtsklasse bis 66 kg. Gemeinsam mit seiner jüngeren Schwester Uta Abe wurde er an demselben Tag Olympiasieger (2021) sowie Weltmeister (2023).

Alina Böhm wurde am 14. Juni 1998 geboren. Sie wurde sowohl 2022 (in Sofia) als auch 2023 (in Montpellier) Europameisterin in der Gewichtsklasse bis 78 kg.

Uta Abe (阿部詩) wurde am 14. Juli 2000 in Kobe geboren. Sie ist die Schwester von *Hifumi Abe*, ebenfalls vierfache Weltmeisterin (2018, 2019, 2022 und 2023) sowie Olympiasiegerin (2021) in der Gewichtsklasse bis 52 kg.

Daria Bilodid wurde am 10. Oktober 2000 in Kiew geboren. Sie wurde sowohl 2018 als auch 2019 Weltmeisterin in der Gewichtsklasse bis 48 kg und ist damit jüngste Weltmeisterin aller Zeiten. Außerdem ist sie zweifache Europameisterin (2017 und 2019).

Weiterführende Literaturempfehlungen:

Toshiro Daigo, Wurftechniken des Kodokan Judo, Band 1: Te-waza/Koshi-waza, Bonn 2009

Toshiro Daigo, Wurftechniken des Kodokan Judo, Band 2: Ashi-waza, Bonn 2011

Toshiro Daigo, Wurftechniken des Kodokan Judo, Band 3: Ma-sutemi-waza/Yoko-sutemi-waza, Frankfurt am Main 2019

Wolfgang Hofmann, Judo – Grundlagen des Stand- und Bodenkampfes, Niedernhausen 1973

Mikinosuke Kawaishi, My Method of Judo, London 1955 (Englisch)

Katsuhiko Kashiwazaki, Fighting Judo, London 1985 (Englisch)

Kyuzo Mifune, The Canon of Judo, Tokyo 1960 (Englisch)

Frank Wieneke, Meine Wege zum Erfolg, Bonn 2018

Yasuhiro Yamashita, The Fighting Spirit of Judo, Trowbridge 1993 (Englisch)

★ KAPITEL P★

ANHANG: GRADUIERUNGSSYSTEME

I. KYU-GRADUIERUNGSSYSTEM

Achter Kyu (weiß-gelber Gürtel)

Für den ersten farbigen Gürtel gibt es keine konkreten Graduierungsanforderungen. Es soll nur ein gewisses Grundverständnis von Judo vorhanden sein. Das bedeutet, dass neue Judoka die Judo-Etikette kennen und einen Überblick über die Fallschule, Würfe und Haltegriffe haben. Judo-Vereine können zur Vermarktung ihrer Sportart die aktive Teilnahme an einer Judo-Veranstaltung (zum Beispiel ein Lehrgang, ein Schnupperkurs oder ähnliche Veranstaltungen) mit dem weiß-gelben Gürtel und der dazugehörenden Urkunde „belohnen".

Siebter Kyu (gelber Gürtel)

a. Allgemeines

Mit dem gelben Gürtel beginnt die Grundausbildung im Judo. Bei den folgenden Graduierungen ist zu beachten, dass maximal drei Graduierungen in einem Kalenderjahr möglich sind.

b. Ukemi-waza

Für die Fallschule soll Tori aus dem Stand eine Judo-Rolle, Rückwärts- und Seitwärtsfallen demonstrieren.

c. Nage-waza

Im Stand muss Tori drei Wurftechniken aus dem Grundprogramm vorführen – und zwar eine Eindrehtechnik zur Hauptseite, eine zur Gegenseite und eine Fußtechnik. Das **Grundprogramm** enthält die folgenden Würfe: Seoi-nage, Ippon-seoi-nage, Tai-otoshi, O-goshi, Uki-goshi, Koshi-guruma, Tsurikomi-goshi, Sode-tsurikomi-goshi, Harai-goshi, De-ashi-harai, O-soto-gari, O-uchi-gari, Ko-uchi-gari, Ko-soto-gari, Ko-soto-gake, Sasae-tsurikomi-ashi und Uchi-mata. Der DJB empfiehlt als Eindrehtechniken zum Beispiel Seoi-nage, Tai-otoshi, O-goshi und Uki-goshi sowie als Ashi-waza O-soto-gari, De-ashi-harai und O-uchi-gari.

d. Katame-waza

Das Bodenprogramm[47] umfasst die vier **Haltetechniken** Kesa-gatame, Yoko-shiho-gatame, Tate-shiho-gatame und Kami-shiho-gatame. Außerdem soll Tori zwei Haltegriffwechsel als Reaktion auf Ukes Befreiungsversuche und zusätzlich einen Übergang vom Werfen zum Halten umsetzen.

e. Randori

Abschließend sind je zwei Aufgaben-Randori im Stand und Boden mit einer Dauer von zwei Minuten zu absolvieren.

---

47 Zur Klarstellung: Katame-waza sind Kontrolltechniken, Ne-waza Bodentechniken. Als Überschrift wird hier die offizielle Bezeichnung des DJB verwendet.

Sechster Kyu (gelb-oranger Gürtel)

a. Ukemi-waza

Die Fallschule umfasst aus dem Stand das Rückwärtsfallen mit Überrollen, Seitwärtsfallen und die Judo-Rolle vorwärts (sowohl rechts als auch links).

b. Nage-waza

Im Stand muss Tori sechs Wurftechniken aus dem Grundprogramm demonstrieren: Zwei Eindrehtechniken zur Hauptseite, zwei Eindrehtechniken zur Gegenseite und zwei Fußtechniken. Der DJB empfiehlt insoweit dieselben Techniken wie für das Programm zum siebten Kyu.

c. Katame-waza

Das Bodenprogramm besteht neben den vier Haltetechniken aus dem Programm zum siebten Kyu aus vier weiteren Haltetechniken, die eigenständige oder Varianten von Haltetechniken sein können. Als Reaktion auf Ukes Befreiungsversuche sind drei Wechsel zwischen Haltetechniken zu zeigen. Außerdem soll neben dem Übergang vom Werfen zum Halten eine Umdrehtechnik von der Bauchlage in eine Haltetechnik demonstriert werden.

d. Randori/Shiai

Schließlich sind Randori wie zum siebten Kyu zu demonstrieren; alternativ genügt eine im Judo-Pass nachgewiesene Teilnahme an einem offiziellen Wettkampf, das heißt, der vom zuständigen Landesverband als graduierungsrelevant zugelassen ist.

Fünfter Kyu (oranger Gürtel)

a. Allgemeines

Das Mindestalter für den fünften Kyu beträgt acht Jahre.

b. Ukemi-waza

Tori soll aus dem Gehen eine Judo-Rolle (beidseitig), Seitwärtsfallen (beidseitig) und Rückwärtsfallen demonstrieren.

c. Nage-waza

Im Stand muss Tori neun Wurftechniken aus dem Grundprogramm zeigen und dazu die entsprechenden Ausgangssituationen herstellen – und zwar drei Eindrehtechniken sowohl zur Hauptseite als auch zur Gegenseite sowie drei Fußtechniken. Der DJB empfiehlt Tsurikomi-goshi, Sode-tsurikomi-goshi, Harai-goshi, Sasae-tsuri-komi-goshi, Ko-uchi-gari und Uchi-mata.

d. Katame-waza

Am Boden muss Tori Abwehrverhalten gegen Hebeltechniken und vier unterschiedliche Befreiungen aus Haltegriffen demonstrieren, indem er sich auf den Bauch dreht, ein Bein von Uke klammert, Uke zwischen seine eigenen Beine nimmt sowie Uke durch eine Brücke über sich rollt. Zusätzlich zum Übergang vom Werfen zum Halten und einer Umdrehtechnik von der Bauchlage in eine Haltetechnik soll Tori eine Beinklammer von Uke lösen sowie einen Angriff gegen Ukes Bankposition ausführen.

e. Randori/Shiai

Wie bereits bei den vorherigen Graduierungen soll Tori jeweils zwei Aufgaben-Randori im Stand und am Boden mit einer Dauer von zwei Minuten vorführen. Alternativ genügt die Teilnahme an zwei offiziellen Wettkämpfen seit der letzten Graduierung, die wiederum im Judo-Pass eingetragen sind.

Vierter Kyu (orange-grüner Gürtel)

a. Allgemeines

Das Erreichen des vierten Kyu schließt die Judo-Grundausbildung ab.

b. Ukemi-waza

Die Fallschule soll Tori dynamisch demonstrieren und somit zügig aus der Bewegung rückwärts, seitwärts sowie mit einer Judo-Rolle vorwärts fallen - jeweils zu beiden Seiten.

c. Nage-waza

Im Stand muss Tori insgesamt zwölf Wurftechniken aus dynamischen Situationen vorführen. Diese Techniken müssen O-soto-gari, Harai-goshi und (Ashi-)Uchi-mata enthalten; ferner jeweils drei Eindrehtechniken zur Haupt- und Gegenseite. Die letzten drei Wurftechniken darf Tori frei aus dem Grundprogramm wählen.

d. Katame-waza

Das Bodenprogramm umfasst Ude-hishigi-juji-gatame, Ude-ude-garami und eine weitere frei wählbare **Hebeltechnik** (Ude-hishigi-hiza-gatame, Ude-hishigi-waki-gatame, Ude-hishigi-hara-gatame, Ude-hishigi-ashi-gatame, Ude-hishigi-te-gatame oder Ashi-garami). Zusätzlich zum Übergang vom Werfen zum Halten, einer Umdrehtechnik von der Bauchlage in eine Haltetechnik, einer Befreiung aus einer Beinklammer und einem Angriff gegen Ukes Bankposition muss Tori einen Angriff aus der eigenen Rückenlage sowie gegen Ukes Rückenlage zeigen.

e. Randori/Shiai

Die Übungsform Randori ist identisch mit der für den fünften Kyu: Tori kann entweder jeweils zwei Aufgaben-Randori im Stand und am Boden mit einer Dauer von zwei Minuten durchführen oder seine Wettkampfpraxis durch die Teilnahme an zwei offiziellen Wettkämpfen seit der letzten Graduierung im Judo-Pass nachweisen.

Dritter Kyu (grüner Gürtel)

a. Allgemeines

Mit dem dritten Kyu, für den ein Mindestalter von elf Jahren erforderlich ist, beginnt das Erweiterungsprogramm des DJB.

b. Ukemi-waza

Wie bereits für den vierten Kyu gelernt, soll Tori zügig aus der Bewegung rückwärts, seitwärts sowie mit einer Judo-Rolle vorwärts fallen – jeweils zu beiden Seiten. Zusätzlich soll Tori den freien Fall demonstrieren.

c. Nage-waza

Im Stand müssen insgesamt 15 Wurftechniken demonstriert werden, von denen Tomoe-nage und Tani-otoshi sowie eine weitere Wurftechnik aus dem Erweiterungsprogramm obligatorisch sind. Die restlichen zwölf Techniken können somit die sein, die bereits für die Graduierung zum vierten Kyu trainiert wurden. Das **Erweiterungsprogramm** besteht aus den folgenden Wurftechniken: Kata-guruma, Uki-otoshi, Tsuri-goshi, Utsuri-goshi, Ashi-guruma, Okuri-ashi-harai, Tomoe-nage, Sumi-gaeshi, Ura-nage, Tani-otoshi, Soto-makikomi und Ko-uchi-makikomi. Ferner muss eine Kontertechnik, eine Finte sowie eine Kombination von Wurftechniken vorgeführt werden.

d. Katame-waza

Am Boden soll Tori vier Hebeltechniken aus dem Erweiterungsprogramm zeigen. Hierbei sind Ude-hishigi-hiza-gatame und Ude-hishigi-sankaku-gatame obligatorisch. Zum **Erweiterungsprogramm** gehören außerdem Ude-hishigi-waki-gatame und Ude-hishigi-ude-gatame. Ferner muss Tori das Abwehrverhalten gegen Hebeltechniken vorführen. Zusätzlich zum Übergang vom Werfen zum Halten, einer Umdrehtechnik von der Bauchlage in eine Haltetechnik, einer Befreiung aus einer Beinklammer, einem Angriff gegen Ukes Bankposition, einem Angriff aus der eigenen Rückenlage sowie einem Angriff gegen Ukes Rückenlage muss Tori einen Positionswechsel von einer Verteidigungs- in eine günstige Angriffsposition demonstrieren.

e. Randori/Shiai

Abschließend kann Tori entweder je zwei Stand- und Boden-Randori mit einer Dauer von jeweils drei Minuten absolvieren oder seine Wettkampfpraxis durch die Teilnahme an drei offiziellen Wettkämpfen seit der letzten Graduierung im Judo-Pass nachweisen.

Zweiter Kyu (blauer Gürtel)

a. Ukemi-waza

An Falltechniken sind alle bisherigen Techniken aus dem Kyu-Graduierungssystem zu demonstrieren.

b. Nage-waza

Das Standprogramm umfasst insgesamt 18 Wurftechniken, von denen sechs aus dem Erweiterungsprogramm stammen müssen – insoweit sind Sumi-gaeshi und Soto-makikomi obligatorisch. Hier kann Tori folglich auf seine Vorkenntnisse für die Graduierung zum dritten Kyu zurückgreifen. Dies gilt ebenso für die Demonstration einer Kontertechnik, einer Finte und einer Kombination. Schließlich soll Tori sowohl aus Ai-yotsu als auch aus Kenka-yotsu Griffe erarbeiten und lösen sowie mit einer Wurftechnik abschließen.

c. Katame-waza

Das Bodenprogramm beinhaltet drei **Würgetechniken**, von denen Gyaku-juji-jime und Okuri-eri-jime (als Koshi-jime (Hüftwürgen, 腰絞)) obligatorisch sind. Die weiteren Würgetechniken des Erweiterungsprogramms sind Katate-jime, Kataha-jime, Hadaka-jime, Sode-guruma-jime, Sankaku-jime und Tsukkomi-jime. Tori soll auch das Abwehrverhalten gegen Würgetechniken vorführen. Ferner muss Tori einen Übergang vom Werfen zum Halten, eine Umdrehtechnik von der Bauchlage in eine Haltetechnik, eine Befreiung aus einer Beinklammer, einen Angriff gegen Ukes Bankposition, einen Angriff aus der eigenen sowie gegen Ukes Rückenlage und zwei Positionswechsel von einer Verteidigungs- in eine günstige Angriffsposition demonstrieren. Hierbei kann also wieder auf die Vorkenntnisse für die Graduierung zum dritten Kyu zurückgegriffen werden.

d. Randori/Shiai

Wie bereits bei der letzten Graduierung kann Tori entweder je zwei Stand- und Boden-Randori mit einer Dauer von jeweils drei Minuten absolvieren oder seine Wettkampfpraxis durch die Teilnahme an drei offiziellen Wettkämpfen seit der vorherigen Graduierung im Judo-Pass nachweisen.

Erster Kyu (brauner Gürtel)

a. Allgemeines

Mit dem ersten Kyu endet das Kyu-Graduierungsprogramm. Das Mindestalter beträgt grundsätzlich 13 Jahre, nur für die Wahlbereiche Selbstverteidigung und Taiso beträgt es 16 Jahre.

b. Ukemi-waza

Wie bereits für die Fallschule des zweiten Kyu gilt, dass alle bisherigen Falltechniken aus dem Kyu-Graduierungssystem zu demonstrieren sind.

c. Nage-waza

Im Stand muss Tori 20 Wurftechniken demonstrieren. Hiervon sind Ura-nage und Ko-uchi-makikomi obligatorisch – außerdem müssen neun Wurftechniken aus dem Erweiterungs-programm stammen. Insoweit kann Tori auf seine Vorkenntnisse aus den früheren Graduierungen aufbauen. Ferner muss Tori jeweils zwei Kontertechniken, Finten und Kombinationen von Wurftechniken vorführen.

d. Katame-waza

Das Bodenprogramm umfasst vier Würgetechniken aus dem Erweiterungsprogramm, von denen Sode-guruma-jime und Okuri-eri-jime (als Ohten-jime (Rollbankwürgen)) obligatorisch sind. Tori soll Abwehrverhalten gegen alle Bodentechniken vorführen. Ferner muss Tori einen Übergang vom Werfen zum Halten, eine Umdrehtechnik von der Bauchlage in eine Haltetechnik, eine Befreiung aus einer Beinklammer, einen Angriff gegen Ukes Bankposition, einen Angriff aus der eigenen sowie gegen Ukes Rückenlage und drei Positionswechsel von einer Verteidigungs- in eine günstige Angriffsposition demonstrieren. Auch hier kann Tori an seine Vorkenntnisse anknüpfen. Schließlich muss Tori einen Übergang vom Stand zum Boden aus Ai-yotsu sowie einen Übergang vom Stand zum Boden aus Kenka-yotsu zeigen.

e. Wahlbereich

Neu kommt ein individueller Schwerpunkt hinzu, der ungefähr zehn technische Aktionen umfassen soll. Folgende Varianten kann Tori wählen: Die Vorstellung seiner Kampfkonzeption im Stand und am Boden, die Demonstration einer Zusammenstellung aus Kata des Dan-Graduierungsprogramms des DJB, Selbstverteidigungstechniken sowie Taiso. Für Taiso muss als Fitness-Vorleistung entweder die erfolgreiche Teilnahme am Judo-Pentathlon oder Judo-Sportabzeichen (altersabhängig) sowie als Tandoku-renshu die rhythmische Demonstration von zehn bestimmten Judo-Wurftechniken beidseitig nachgewiesen werden.

Wie bereits bei den letzten Graduierungen kann Tori entweder je zwei Stand- und Boden-Randori mit einer Dauer von jeweils drei Minuten absolvieren oder seine Wettkampfpraxis durch die Teilnahme an drei offiziellen Wettkämpfen seit der vorherigen Graduierung im Judo-Pass nachweisen.

II. DAN-GRADUIERUNGSSYSTEM

Erster Dan (schwarzer Gürtel)

a. Nage-waza

Im Stand muss Tori alle 40 Wurftechniken der Gokyo-no-waza aus freien Interaktionen demonstrieren können. Dazu kommen mindestens jeweils zwei Kontertechniken, Finten, Kombinationen von Wurftechniken und Lösungen für Ai-yotsu und Kenka-yotsu.

b. Katame-waza

Am Boden muss Tori jeweils eine Variante zu jeder Bodentechnik aus dem Grund- und Erweiterungsprogramm des Kyu-Graduierungssystems als Lösung von Standardsituationen, also aus der Bank- beziehungsweise Bauchlage, aus der Beinklammer, aus der Rückenlage und am Boden vorführen. Aus jeder Standardsituation am Boden muss mindestens eine Lösung sowohl aus der Ober- als auch aus der Unterlage demonstriert werden.

c. Kata

Für Dan-Graduierungen ist das Fach „Kata" – verglichen mit Kyu-Graduierungen – neu: Tori muss für den ersten Dan entweder die ersten drei Gruppen der Nage-no-kata oder die ersten beiden Gruppen der Ju-no-kata vorführen.

d. Wahlbereich

Außerdem muss Tori aus den Bereichen „Lizenzen", „Wettkampf", „Kata", „Selbstverteidigung" und „Taiso" einen Bereich auswählen.

So kann Tori diesen mit einer gültigen Judo-Trainer-C-Lizenz oder grundsätzlich zehn Kampfpunkten seit der letzten Graduierung sowie der Demonstration und Erläuterung seiner eigenen Kampfkonzeption (einschließlich Trainingsformen für je eine Technik im Stand und am Boden) erfüllen.

Der Bereich „Kata" beinhaltet als Tori die nicht gewählte Alternative aus dem obligatorischen Bereich „Kata", die vierte und fünfte Gruppe der Nage-no-kata, die dritte Gruppe der Ju-no-kata, die erste Gruppe der Katame-no-kata oder die ersten beiden Gruppen der Kodokan Goshin-jutsu beziehungsweise als Uke eine Kodokan-Kata aus dem Dan-Graduierungsprogramm (außer der Itsutsu-no-kata).

Im Rahmen der Selbstverteidigung muss sich Tori gegen fünf Nahdistanz-Angriffe Ukes (Umklammerung, Würgen im Stand, Schwitzkasten, Greifen der Kleidung, Tori am Boden in Rückenlage) verteidigen und ihn dabei letztlich am Boden kontrollieren. Zusätzlich muss sich Tori gegen fünf Angriffe Ukes (Schwinger oder Seitwärtshaken, gerader Faustistoß, gerader Fußtritt, schräger Fußtritt und ein Schlag am Boden gegen die eigene Rückenlage) verteidigen, in dem er zunächst den Angriff abwehrt, mit einer Atemi-waza reagiert, Uke zu Boden bringt und ihn dort kontrolliert.

Der Bereich „Taiso" besteht zunächst aus dem absolvierten Judo-Sportabzeichen sowie als Tandoku-renshu die rhythmische Demonstration von zehn bestimmten Wurftechniken aus vier verschiedenen Bewegungsrichtungen. Außerdem ist die erste Gruppe der Tandoku-renshu der Seiryoku-zenyo-kokumin-taiiku (Ik-kyo, Stoß- und Tritttechniken) zu demonstrieren.

Zweiter Dan (schwarzer Gürtel)

a. Nage-waza

Wie bereits für den ersten Dan gefordert, muss Tori im Stand alle 40 Wurftechniken der Gokyo-no-waza aus freien Interaktionen demonstrieren können. Dazu kommen mindestens jeweils zwei Kontertechniken, Finten, Kombinationen von Wurftechniken und Lösungen für Ai-yotsu und Kenka-yotsu. Zusätzlich sind für den zweiten Dan zwölf Kodokan-Wurftechniken außerhalb der Gokyo-no-waza[48] zu zeigen.

[48] Vergleiche Kapitel III.

b. Katame-waza

Das Bodenprogramm umfasst jeweils eine Variante aller im Wettkampf erlaubten Katame-waza, die aus Standardsituationen zu entwickeln sind. Ferner muss Tori zwei mehrfach verzweigte Handlungsketten mit mindestens drei verschiedenen Abschlüssen, die in einer Standardsituation (mit Tori in der Oberlage) beginnen, demonstrieren und erläutern.

c. Kata

Als Kata muss Tori die Nage-no-kata vorführen.

d. Wahlbereich

Den Wahlbereich „Lizenzen" kann Tori mit einer gültigen Judo-Trainer-C-Lizenz, Landes-Kampfrichterlizenz oder Landes-Wertungsrichterlizenz für eine Kata erfüllen.

Für den Wahlbereich „Wettkampf" sind erneut zehn Kampfpunkte seit der letzten Graduierung erforderlich, zusätzlich muss Tori verschiedene Uchi-komi-Formen von mindestens zwei Eindrehtechniken (sowohl zur Haupt- als auch zur Gegenseite) aus vier verschiedenen Bewegungsrichtungen und mit unterschiedlichen Schrittmustern demonstrieren.

Sofern sich Tori für „Kata" entscheidet, kann er entweder als Tori zwei Gruppen der Katame-no-kata, vier beliebige Gruppen oder die letzten drei Gruppen der Kodokan Goshin-jutsu oder die erste Gruppe der Kime-no-kata demonstrieren oder als Uke eine Kodokan-Kata aus dem Dan-Graduierungsprogramm (außer der Itsutsu-no-kata) präsentieren.

Der Wahlbereich „Selbstverteidigung" besteht zunächst aus der Wiederholung des Selbstverteidigungsprogramms des ersten Dan und ferner aus der Verteidigung gegen fünf Angriffe mit Schlagwaffen, wobei als Angriff ein Schlag von oben und ein seitlicher Schlag sowohl als Vor- als auch als Rückhand obligatorisch sind.

Der Bereich „Taiso" besteht aus dem absolvierten Judo-Sportabzeichen in Silber als Fitness-Vorleistung. Ferner sind alle Einzelübungen der

Seiryoku-zenyo-kokumin-taiiku zu demonstrieren und zu erläutern. Schließlich sind koordinative Bewegungsfertigkeiten am Boden durch die Demonstration von bestimmten Koordinationskreisen nachzuweisen.

Dritter Dan (schwarzer Gürtel)

a. Nage-waza

Wie bereits für den zweiten Dan gefordert, muss Tori im Stand alle 40 Wurftechniken der Gokyo-no-waza sowie zwölf Kodokan-Wurftechniken außerhalb der Gokyo-no-waza aus freien Interaktionen demonstrieren können. Dazu kommen jeweils sechs Kombinationen oder Finten und sechs Kontertechniken.

b. Katame-waza

Auch das Bodenprogramm wiederholt zunächst die Anforderungen für den zweiten Dan: Es umfasst jeweils eine Variante aller im Wettkampf erlaubten Katame-waza, die aus Standardsituationen zu entwickeln sind. Ferner muss Tori zwei mehrfach verzweigte Handlungsketten mit mindestens drei verschiedenen Abschlüssen, die in einer Standardsituation (mit Tori in der Oberlage) beginnen, demonstrieren und erläutern. Zusätzlich muss Tori aber die gleichen Handlungsketten aus der Unterlage beginnen. Schließlich sind die Prinzipien von Umdrehtechniken gegen die Bank- oder Bauchlage und aus der eigenen Rückenlage zu demonstrieren und zu erläutern.

c. Kata

Als Kata ist die Katame-no-kata obligatorisch vorzuführen.

d. Theorie

Ferner muss Tori im Bereich „Theorie" entweder *Kanos* Konzept des Kuzushi und Tsukuri erläutern und kritisch erörtern oder die Bedeutung von Ukes Verhalten für den Lernprozess erläutern oder anhand von konkreten Beispielen die Judo-Werte im Kinder- und Jugendtraining erläutern.

e. Wahlbereich

Den Wahlbereich „Lizenzen" kann Tori mit einer gültigen Judo-Trainer-B-Lizenz, Landes-Kampfrichterlizenz mit mindestens zweijähriger Erfahrung oder Landes-Wertungsrichterlizenz für zwei Kata erfüllen.

Für den Wahlbereich „Wettkampf" sind erneut zehn Kampfpunkte seit der letzten Graduierung erforderlich, zusätzlich muss Tori verschiedene Uchi-komi-Formen für vier Ashi-waza ohne Eindrehbewegung aus verschiedenen Bewegungsrichtungen demonstrieren und schließlich Kumi-kata-Strategien (auch unter aktuellen Regelgesichtspunkten) demonstrieren und erläutern.

Sofern sich Tori für „Kata" entscheidet, kann er entweder als Tori die Ju-no-kata, die Kodokan Goshin-jutsu, die zweite Gruppe der Kime-no-kata oder die ersten acht Techniken der ersten Gruppe der Koshiki-no-kata demonstrieren oder als Uke eine Kodokan-Kata aus dem Dan-Graduierungsprogramm (außer der Itsutsu-no-kata) präsentieren.

Der Wahlbereich „Selbstverteidigung" besteht zunächst aus der stichprobenartigen Wiederholung des Selbstverteidigungsprogramms des zweiten Dan sowie ferner aus der Demonstration und Erläuterung von Chancen und Risiken der Verteidigung gegen Messer und andere Stichwaffen.

Der Bereich „Taiso" besteht erstens aus dem Judo-Sportabzeichen in Gold als Fitness-Vorleistung. Zweitens ist entweder ein gesundheitsorientiertes oder ein judospezifisches Taiso-Programm auszuarbeiten, zu demonstrieren und zu erläutern oder die Seiryoku-zenyo-kokumin-taiiku zu demonstrieren und zu erläutern.

Vierter Dan (schwarzer Gürtel)

a. Nage-waza

Das Standprogramm beinhaltet die Demonstration und Erläuterung der biomechanischen Funktionsprinzipien und der Nomenklatur der Te-waza, Koshi-waza und Ashi-waza anhand von den Prüfern ausgewählter Beispiele der Kodokan-Techniken.

b. Katame-waza

Das Bodenprogramm beinhaltet die Demonstration und Erläuterung der biomechanischen Funktionsprinzipien und der Nomenklatur der Osaekomi-waza und deren Befreiungen anhand von den Prüfern ausgewählter Beispiele der Kodokan-Techniken.

c. Kata

Als Kata muss Tori entweder die Ju-no-kata oder die Kodokan Goshin-jutsu vorführen.

d. Theorie

Im Theorie-Bereich muss Tori entweder verschiedene Hebelwirkungen auf Uke, um Rotationen um die Körperachse zu erzeugen, demonstrieren und erläutern oder die Konstruktion von Übungsreihen nach den Grundsätzen des Lehrens nach Funktionsphasen unter Verwendung des Koordinationsanforderungsreglers erklären oder *Kanos* Erziehungskonzept (zum Ende des 19. Jahrhunderts) erläutern.

e. Wahlbereich

Den Wahlbereich „Lizenzen" kann Tori mit einer gültigen Judo-Trainer-B-Lizenz, Bundes-B- Kampfrichterlizenz oder Bundes-B-Wertungsrichterlizenz für Kata erfüllen.

Für den Wahlbereich „Wettkampf" sind erneut zehn Kampfpunkte seit der letzten Graduierung erforderlich, zusätzlich muss Tori vier Trainingsformen zu Auswahlreaktionen im Stand demonstrieren und erläutern.

Sofern sich Tori für „Kata" entscheidet, kann er entweder als Tori grundsätzlich die Ju-no-kata, die Kodokan Goshin-jutsu, die Kime-no-kata, die erste Gruppe der Koshiki-no-kata, die Nage-no-kata oder die Katame-no-kata demonstrieren oder als Uke eine Kodokan-Kata aus dem Dan-Graduierungsprogramm (außer der Itsutsu-no-kata) präsentieren. Schließlich gilt der Wahlbereich „Kata" als erfüllt, wenn Tori eine Medaille bei den Deutschen Kata-Meisterschaften gewonnen hat.

Fünfter Dan (schwarzer Gürtel)

a. Nage-waza

Das Standprogramm beinhaltet die Demonstration und Erläuterung der biomechanischen Funktionsprinzipien und der Nomenklatur der Ma-sutemi-waza und Yoko-sutemi-waza (außer Kawazu-gake und Kani-basami) anhand von den Prüfern ausgewählter Beispiele der Kodokan-Techniken.

b. Katame-waza

Das Bodenprogramm beinhaltet die Demonstration und Erläuterung der biomechanischen Funktionsprinzipien und der Nomenklatur der Kansetsu-waza und Shime-waza anhand von den Prüfern ausgewählter Beispiele der Kodokan-Techniken.

c. Kata

Als Kata muss eine Kata aus dem Dan-Programm als Uke sowie entweder die Koshiki-no-kata oder die Kime-no-kata gezeigt werden.

d. Theorie

Als Theorie kann Tori zwischen der Demonstration und Erläuterung der Bedeutung von Rumpfstabilität und Gelenkwinkeln für die Generierung von Kraft und deren Übertragung auf Uke oder der Erläuterung der Möglichkeiten der Technikvermittlung durch offene Aufgaben-stellungen oder der Erläuterung von *Kanos* Konzept des technischen und moralischen Judo-Prinzips (ab ungefähr 1920) wählen.

e. Wahlbereich

Den Wahlbereich „Lizenzen" kann Tori mit einer gültigen Judo-Trainer-A-Lizenz, Bundes-A-Kampfrichterlizenz oder einer gültigen Bundes-A-Wertungsrichterlizenz für Kata erfüllen.

Für den Wahlbereich „Wettkampf" sind erneut zehn Kampfpunkte seit der letzten Graduierung erforderlich, zusätzlich muss Tori vier Handlungsketten (Grifferarbeitung, Übergang vom Stand zum Boden nach eigener

Wurftechnik, Abschluss mit einer Bodentechnik) demonstrieren sowie die Prinzipien und Umsetzung der Periodisierung des Trainings anhand des Jahresplans eines Leistungssportlers erläutern.

Den Wahlbereich „Kata" kann Tori entweder als Tori durch die Demonstration grundsätzlich der Koshiki-no-kata, Kime-no-kata oder einer anderen Kodokan-Kata (außer der Itsutsu-no-kata) erfüllen oder durch die Demonstration einer Kodokan-Kata aus dem Dan-Graduierungsprogramm (außer der Itsutsu-no-kata) als Uke. Schließlich gilt der Wahlbereich „Kata" als erfüllt, wenn Tori eine Medaille bei den Deutschen Kata-Meisterschaften gewonnen hat.

Sechster Dan (schwarzer oder rot-weißer Gürtel)

a. Allgemeines

Seit 2023 kann der sechste Dan auch durch eine Prüfung erlangt werden – früher war dies nur ehrenhalber möglich.

b. Nage-waza

Das Standprogramm beinhaltet die Demonstration und Erläuterung (aus freien Interaktionsketten) der biomechanischen Funktionsprinzipien und der Nomenklatur aller Standtechniken (außer Kawazu-gake und Kani-basami) anhand von den Prüfern ausgewählter Beispiele der Kodokan-Techniken.

c. Katame-waza

Das Bodenprogramm beinhaltet die Demonstration und Erläuterung (als Lösungen von Standardsituationen) der biomechanischen Funktionsprinzipien und der Nomenklatur aller Katame-waza anhand von den Prüfern ausgewählter Beispiele der Kodokan-Techniken.

d. Kata

Ferner muss entweder die Nage-no-kata, Katame-no-kata, Ju-no-kata, Kime-no-kata, Kodokan Goshin-jutsu oder Koshiki-no-kata bei einer öffentlichen Veranstaltung des DJB oder in einer bewerteten Prüfungssituation in der Rolle als Tori demonstriert werden.

e. Theorie

Der theoretische Teil kann wahlweise durch die Veröffentlichung einer über die Anforderungen des fünften Dan hinausgehenden Arbeit zur Theoriebildung des Judo oder durch die Präsentation eines selbst erfolgreich durchgeführten Projekts zur nachhaltigen Förderung der Entwicklung des Judo erfüllt werden.

f. Engagement

Nur für die Graduierung zum sechsten Dan existiert der obligatorische Bereich „Engagement": Tori muss besonderes Engagement im Sinne der Ehrenordnung des DJB nachweisen, das heißt aufgrund von besonderen Leistungen in den Bereichen Trainertätigkeit, Lehrtätigkeit, Kampfrichtertätigkeit, Behindertensportfunktion, eigene Sportpraxis und Verbandstätigkeit.

g. Wahlbereich

Den Wahlbereich „Lizenzen" kann Tori mit einer gültigen Judo-Diplom-Trainer-Lizenz des DOSB, EJU-/IJF-Kampfrichterlizenz oder EJU-/IJF-Wertungsrichterlizenz für Kata erfüllen.

Für den Wahlbereich „Wettkampf" ist entweder eine Medaille bei einer Europa- oder Weltmeisterschaft oder die Qualifikation zu den Olympischen Spielen erforderlich, oder Tori muss das Kämpferprofil eines internationalen Spitzenjudoka unter Zuhilfenahme authentischer Materialien demonstrieren und erläutern.

Schließlich ist für den Wahlbereich „Kata" entweder eine Medaille bei einer Kata-Europa- oder -Weltmeisterschaft erforderlich, oder Tori muss jeweils bis zu fünf Techniken (nach Wahl der Prüfer) aus zwei verschiedenen selbst gewählten Kata des Dan-Programms (außer der bewerteten Pflicht-Kata dieser Graduierung) demonstrieren und erläutern.

★★★

STICHWORTVERZEICHNIS

A

B

D

S

Bildnachweis

Coverfoto: picture alliance / EPA

Covergestaltung: Annika Naas

Innenlayout: Annika Naas

Fotos Innenteil: Martin Zackor bis auf

Abbildung 5: Mit freundlicher Zustimmung des DJB

Abbildung 7: Mit freundlicher Zustimmung von Oliver Kauer-Berk

Lektorat: Andreas Barth, info@lektorat-barth.de

Satz: zerosoft

Endbearbeitung: Sannah Inderelst

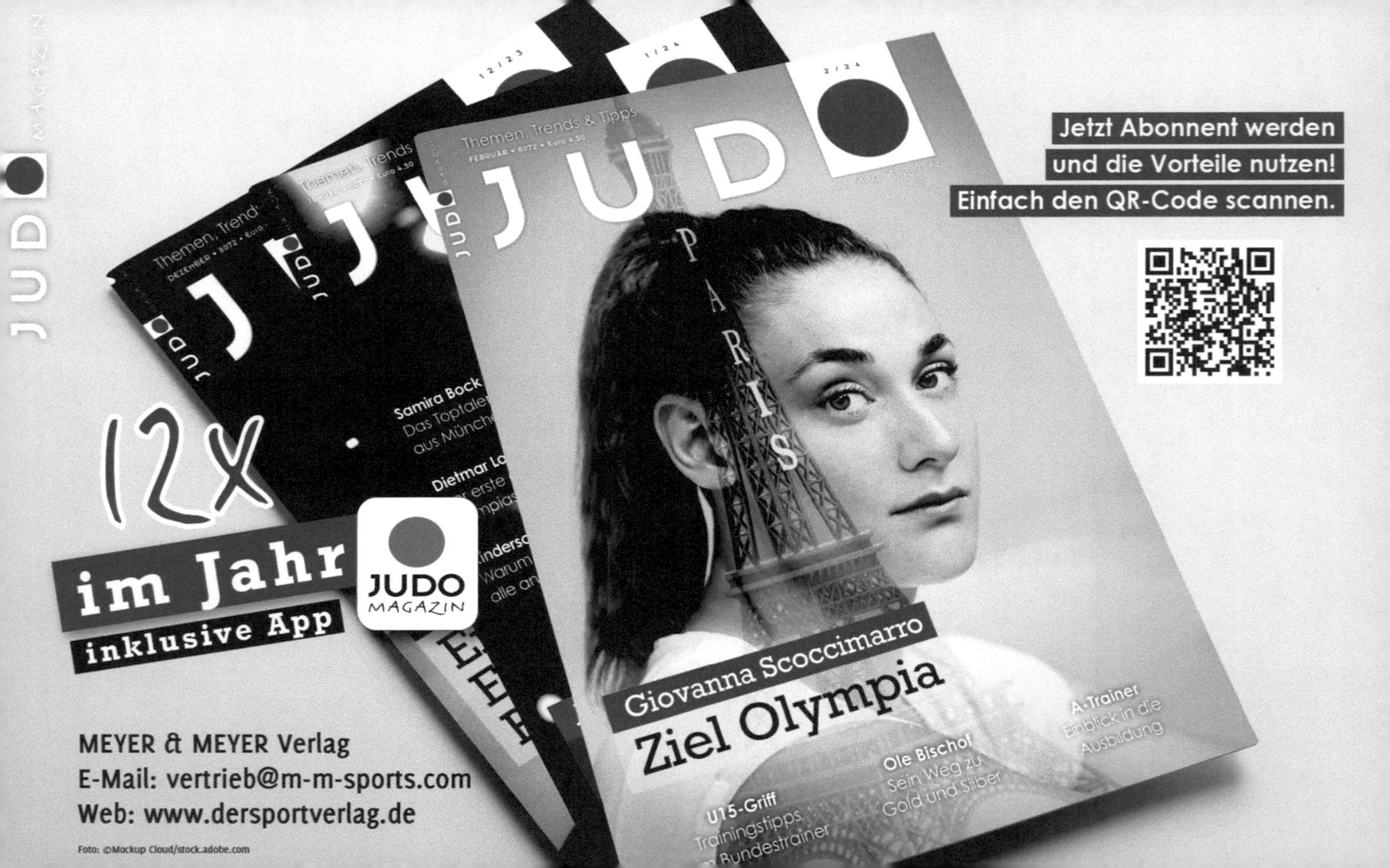
JUDO MAGAZIN
Jetzt Abonnent werden
und die Vorteile nutzen!
Einfach den QR-Code scannen.
2/24
JUDO
Themen, Trends & Tipps
FEBRUAR • 8072 • Euro 4,50
PARIS
Giovanna Scoccimarro
Ziel Olympia
A-Trainer
Einblick in die Ausbildung
Ole Bischof
Sein Weg zu Gold und Silber
U15-Griff
Trainingstipps
12x
im Jahr
inklusive App
JUDO MAGAZIN
MEYER & MEYER Verlag
E-Mail: vertrieb@m-m-sports.com
Web: www.dersportverlag.de
Foto: ©Mockup Cloud/stock.adobe.com